掌握
表达力
成就非凡影响力

路英娣◎著

中国铁道出版社有限公司

CHINA RAILWAY PUBLISHING HOUSE CO., LTD.

图书在版编目（CIP）数据

掌握表达力，成就非凡影响力 / 路英娣著.—北京：
中国铁道出版社有限公司，2024.6
ISBN 978-7-113-31119-3

Ⅰ.①掌…　Ⅱ.①路…　Ⅲ.①语言表达－通俗读物
Ⅳ.① H0-49

中国国家版本馆 CIP 数据核字（2024）第 058947 号

书　　名：掌握表达力，成就非凡影响力
ZHANGWO BIAODALI, CHENGJIU FEIFAN YINGXIANGLI
作　　者：路英娣

责任编辑：荆然子　马慧君　电话：（010）51873005　邮箱：jingzhizhi@126.com
封面设计：仙　境
责任校对：苗　丹
责任印制：赵星辰

出版发行：中国铁道出版社有限公司（100054，北京市西城区右安门西街8号）
网　　址：http://www.tdpress.com
印　　刷：北京盛通印刷股份有限公司
版　　次：2024年6月第1版　2024年6月第1次印刷
开　　本：880 mm×1 230 mm　1/32　印张：7.5　字数：138千
书　　号：ISBN 978-7-113-31119-3
定　　价：58.00元

序 言

　　大学毕业后，我在传统媒体工作十年，做了五年的新闻主播、五年的对话栏目主持人，对话过近百位政商人物。之后，我辞职投身教育行业，为上万个家庭进行教育赋能与心理指导。

　　在我近二十年的职业生涯中，职业技能的重心始终围绕着沟通表达和知识输出。从媒体人到教育工作者，角色的转换不断锤炼和重塑我对表达力的理解。表达，已经成为我生命中不可或缺的一部分，它让我能将自己的见解和理念精准而有力地传达给他人，达成共识。

　　在这个充满机遇与挑战的时代，人人拥有舞台，发声是每个人的专属特权。很多时候沉默就会失色，而表达才会出圈。卓越的表达能力在职场就如同一柄利剑，为我们赢得更多机会；在人际交往中，它更像一剂万金油，让我们在复杂多变的关系中游刃有余。不仅如此，它如同杠杆，能够撬动更大的势能，不断放大自身的影响力。影响力不仅是言语的输出，更是通过行为、态度和价值观去影响和改变他人、激发他人潜能。

很多人说真诚是表达的底色，因为真诚能够建立信任、触动人心，让沟通更加有效。然而，仅靠真诚并不足以应对所有的沟通场景。在职场等社交环境中，我们还需要运用一些经过实践验证、行之有效的沟通方法和技巧来增强表达的效果。比如，在演讲中运用故事和比喻来吸引听众的注意力；在谈判中巧妙运用语言艺术来争取自身权益；在团队协作中通过积极倾听和反馈来建立良好的合作关系。这些方法可以帮助我们更好地传达信息，引导对话，甚至影响他人。

真相往往隐藏在无数的印象之中，而我们所生活的世界，更多的是由这些印象构筑而成的。你是谁，取决于你带给别人的印象，而表达是一个极高效的使他人看到你闪光点的方式。好的表达不是滔滔不绝、口若悬河，而是能够逻辑清晰、有理有据地表达自己的观点。

总有人问我："露露老师，这句话我要怎么说效果更好？""当众发言总是很紧张，我该怎么办？"这并非简单几句话可以讲清楚，因为表达并非简单模仿，更不是花拳绣腿，它更像一门艺术，需要深入剖析自我，探索内心深处，寻找属于你的那份真实、独特的声音。

正因如此，我萌生了写一本关于表达力的书的想法。这本书汇集了我多年的表达经验，希望它能成为你探寻自我、提升表达能力的指南，能助你更加自信、有力地展现自我。

本书有六章，从了解自己、读懂自己的表达风格开始，结合不同场景、不同对象使用不同的沟通技巧，用实用的方法论提升表达的准确性和吸引力。同时，在人人都可以打造IP的时代，通过建立个人品牌，用表达放大势能，在人群中脱颖而出。

著名哲学家维特根斯坦说："语言的边界就是思想的边界。"信息爆炸的时代，让声音被听见、观点被接受、思想被传播，是每个人面临的挑战。在这本书中，我不仅分享了自己多年来的实战经验和技巧，更着重强调了如何通过提升表达力和影响力来实现个人和团队的卓越。这本书不仅是分享策略和技巧，更是启发你发掘自我潜能、展现自我性格的工具。我深信，这本书将引领你踏上"表达力出众、影响力翻倍"的旅程。

知中有行，行中有知，知行合一才是终身成长的开始，学习与成长是一个不断前行的旅程。我衷心期望每位读者在翻阅这本书时，不仅能深入领会表达的艺术，更能在实践中探索并找到真正适合自己的表达方式。

当你能够以自信洋溢的姿态在社交场合发声时，影响力也在悄然提升，你的人生也必将拥有更多的精彩。我为自己坚持走在这条路上而自豪，同时也热切期望你也能加入这场永无止境的自我探索与提升之旅。

路英娣

2024 年 3 月

目 录

第一章

四个关键，
奠定表达力之基

01　认识自我：轻松发现优劣势

"尺有所短，寸有所长。"每个劣势的背后，都潜藏着一个可挖掘的优势。

在工作生活中，经常需要通过口头表达或者书面表达来传达个人观点和主张。一个出色的表达者可以在交流中输出思想、展现优势，获得满意的结果和反馈。然而，每个人的表达能力是不同的，有些人天生表达能力强，有些人则需要通过不断练习来寻求表达能力的提升。

在开口表达之前，需要的不是打开嘴巴练，而是先了解自己的优势和劣势，找到自己的表达特质，这样训练才会是有效学习。这一小节将介绍一些实用的方法和技巧来帮你评估自身的表达能力，找到你的表达特质。

一、认清自己的优劣势

在我从事语言表达教学工作的这些年间，接触过上千名学员，有的甚至是已经工作了七八年的"职场老人"，他们经常会问一些在我看来很基础的问题，原因可能并不是表达力的问题，而是没有找到自己的表达优势。

如果你一直以来也被表达不畅困扰，试着先回答下面这些问题。请你认真思考以后再把答案写在纸上，通过这些答案可以更直观了解自己。

- 擅长哪些表达方式？
- 常常遇到哪些表达障碍？
- 是否能够清晰、简洁地表达自己的想法？
- 是否能够听取他人的意见并回应？
- 是否容易在沟通中陷入争论或冲突？
- 是否需要更多的时间来思考并组织自己的话语？
- 自己的表达能力如何？通常更擅长口头表达还是书面表达？

以上所有的问题，本质上都是一个问题：如何找到自己的表达优势？**优秀的表达，其实就是别人愿意听你讲、愿意跟你讲。**

有一次我在长沙上课，一位学员跑过来问我："老师，这些年我买了很多书、上过很多专门学习表达的课，每天坚持训练，依然觉得自己的表达没有激情，怎么做才能让表达更具感染力呢？"

我跟他说："如果你已经很努力但还是学不好，这大概率不是通过努力和勤奋就可以解决的问题，而应该是努力的方向出了问题。**有句话叫'方法用对，事半功倍。方法不对，努力白费'。**"

还有一个事例可以说明这个道理。我认识一个理工专业出身的小伙子，人不仅阳光帅气，做事还特别认真努力，有韧性。毕业以后一直从事编程工作，由于工作氛围太沉闷，又碰上这几年的直播风口，便想转行做直播。他辞职跟一个老师学习，结果，半年后，当初那个阳光开朗的小伙子不见了，还透着一股极其不自信的劲儿。

我非常好奇这半年到底发生了什么，看了他老师的直播视频后我恍然大悟。他的老师说起话来激情四射、思维跳脱，而这个小伙子做事极为严谨，说起话来不紧不慢。很显然他是拜错了师傅，走错了方向。我特别替他惋惜，如果这半年他跟对了老师，找到自己的表达风格，结果可能会有所不同。

一般来说，如果一个人所做的事情是自己擅长的，那么他越努力，越容易取得成果，整个人也会越来越自信。而如果一个人所做的事情是自己不擅长的，那么他越努力就会越迷茫，越不自信，因为他走错了方向。

所以，很多人在学习时关注方法和技巧，但是却从来没有注意过自己的优势、劣势与努力方向的匹配性。换句话说，只有找到自己的优势，在优势和天赋的领域发力，才更容易取得成果。

下面借助一个简单实用的工具模型，帮你更好找到自己的表达风格。**它由美国心理学家威廉·马斯顿提出，该模型把人分为控制型、影响型、温和型和思考型四种类型**，分别用字母D、I、S、C来指代，因此叫作DISC理论。

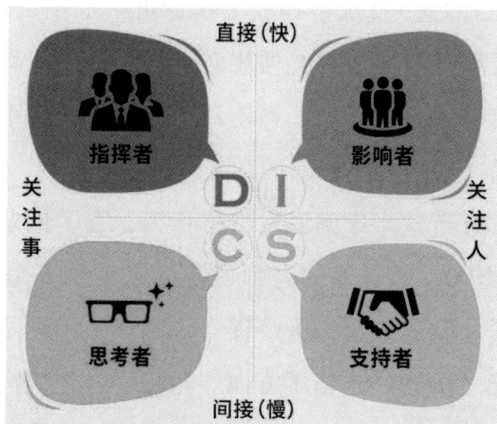

D：指挥者——控制型风格；

I：影响者——影响型风格；

S：支持者——温和型风格；

C：思考者——思考型风格。

D：控制型风格的人

这种风格的人办事雷厉风行，说话和反应更为敏捷，关注事情的目标和结果，讲话通常喜欢说重点，少谈细节，多谈结果而少谈过程。在与他人沟通和表达时可能会显得强硬或者过于直接，容易引起他人的反感和不满，带来不友好的感觉。

如何发挥自身特质：控制型的人擅长管理和决策，在表达时可以突出这方面优势，增加影响力和信任感，同时应注意语气和表情，不要过于强势，多听取他人的建议和想法，保持开放的态度。

控制型风格的表达建议：说成就，引权威，控制场面。

I：影响型风格的人

这种风格的人说话做事干脆利落，反应也很敏捷，同时在意人际关系，关注自己在他人心目中的形象和影响力。

如何发挥自身特质：影响型的人擅长运用积极的语言、节奏或者讲故事来激发听者的情感共鸣，调动对方的情绪来说服和影响他人，所以建立信任和加强亲和力，可以更好地展现自己的实力和价值。

影响型风格的表达建议：与人互动，勇于创新，生动活泼。

S：温和型风格的人

这种风格的人性情温和，擅长倾听，说话做事相对慢一些，也更在乎他人的感受和建议。

如何发挥自身的特质：温和型的人最容易害羞，害怕在公众面前表达，天性含蓄内敛，但是极其在乎他人的感受，非常有亲和力。因此在表达时可以尝试提出解决方案，通过思维碰撞可以更好表达自己的主张和观点，同时还能彰显人格魅力。温和型的人尤其需要注意增强自信心和自我肯定。

有这样一个例子：一个法制类节目记者，文笔出众，但不擅长当众表达。有一次被提前告知要去当众分享，接到任务后他十分紧张。让人意想不到的是，第二天他表现非常好。他选择了将故事娓娓道来的方式，没有运用任何演讲技术，用真情实感和亲身经历折服了现场大批观众。他在小紧张的时候，直接告诉大家："对不起，第一次在这么多人的舞台上讲话，真的很紧张。"这实在的话语，获得了现场观众的阵阵掌声。这个例子告诉我们，要勇于展示真实的自己，真诚才是沟通的必杀技。

温和型风格的表达建议：要亲和，重细节，有信心。

C：思考型风格的人

这种风格的人原则性强，坚守自己的信念，弹性较小，执着。他们说话、办事相对较慢，关注事情的过程、细节，对数字敏感，逻辑性强。

如何发挥自身的特质：思考型的人思维严谨，善于分析和归纳，表达条理清晰，知识储备丰富，他们的表达通常能深入浅出、细致入微、有理有据。表达时需注意不要过度理性，避免给人枯燥刻板的印象，还需要考虑听者的理解能力和感受。

思考型风格的表达建议：多分析，说数字，讲证据。

以上是根据DISC理论划分的四种表达风格的人和他们的

优势，在你身上也可能有两种或者更多种风格，此为参考，让你可以在不同维度认识自己。当你深入了解自己的表达风格时，便能更清晰地把握努力的方向。就像之前提到的那位理工男，尽管他努力了半年，却毫无收获。原因在于他作为一个思考型的人，一直在模仿影响型人的表达方式，而未能找到真正适合自己的表达风格。

二、发挥你的表达优势

如果想收获好的结果，首先要做的一定是发现自己的优势，找到自己的表达优势区，定好目标和策略，这个过程至关重要，它为自身的努力提供了明确的方向和动力。与此同时以终为始，从目标出发去规划策略和方法时，才更有可能突破自我，有了这个前提，再不断努力和修正，在实践中调整和完善，结果自然就会出现。

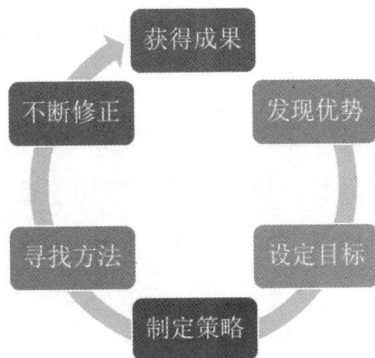

获得成果

发现优势

不断修正

设定目标

寻找方法

制定策略

除了了解自身的成长路径之外，还有一些其他的实用方法。

1．录音、录像

表达提升一定伴随着能力的不断精进和优化，可以将日常表达、演讲、辩论和与他人沟通过程录制下来，然后反复观看、发现不足、不断改进。

2．聆听他人反馈

有些人讲话吞字、吃字、口头禅过多，平时可以多听听他人反馈，更客观地发现自己的问题，有针对性地改进和训练。**记住，别人的反馈，无论赞扬还是批评，都是我们成长路上的"养分"，滋养我们成长。**

3．勇于尝试

表达一定要敢于张嘴，就如同再好的游泳教练，也无法教会一个不敢下水游泳的人。在不同场合参与表达、敢于表达，可以增强自信心和勇气，从而不断提高表达能力和提升个人魅力。

尊重规律，了解自己，找到优势，顺势而为。

向内求，向外长。持续成长，付出不亚于他人的努力，成长终将被看见。

思考：

_____

_____

_____

02 三种思维，让你充满自信

"一个人失败的最大原因，就是对自己的能力永远不敢充分信任，甚至认为自己必败无疑。"

无论是面对面聊天还是当众表达，在任何场合，一个潇洒自如、谈吐优雅、淡定自信的人总是会给对方留下好印象。而一个过度紧张、语无伦次的人，却总是会让气氛变得尴尬。如何成为一个高情商、会说话的人，在不同场合获得更多的机会和青睐？这一小节将从突破恐惧开始带你层层突破，重塑你的内在，让你在表达时从容自信。

一、树立必胜的信念

表达最大的敌人，不是别人而是自己。

其实每个人都会紧张，只是有些人更擅长把紧张控制在最小范围之内。当感到害怕时，身体会进入"战斗或逃跑"模式，这会让人变得紧张、焦虑和犹豫不决。当你感到害怕时，你的心理状态和生理状态都会受到影响，恐惧是自信表达的最大天敌。

　　所以，你要做的是树立必胜的信念，坚定相信自己一定能行。信念的力量是无穷的，积极的心理会让你注意力更集中，更好地调整思维和状态。

　　培养积极的思维模式，把注意力集中在自己的优点上，遇到挑战和困难，永远告诉自己"我可以做到"。优秀的人总是能够以积极、自信的态度应对任何情况，而那些无所作为，甚至一直抱怨的人却总是夸大问题，消极应对，缺乏信心。

　　自信不是本能，而是一种选择。积极的心态可以增强我们的自信，让我们更好地应对挑战。

二、培养破圈思维

"阻碍你前进的不是大山而是'我知道'。"

　　真正的自信是一种内心的坚定，源于正确的自我认知、自我接纳和对自我价值的肯定。所以，要敢于打破阻碍我们进步的固有思维定式和对新事物的恐惧，用开放的心态去拓展我们的认知边界。一个人只有不断自我破圈，不断迭代升级，才会建立起由内而外的自信，变得无坚不摧。

1. 舒适圈

　　舒适区既是我们的庇护所，也是限制我们成长的枷锁。不能一直停留在自己的舒适区中，需要认识到自己的局限，并尝试去超越它，与外部世界建立联系，不断开阔自己的视野和思路。只有这样，才能够不断成长并不断突破自我。

2．恐惧圈

面对不熟悉、无法把控的事以及未来的不确定性，我们很容易恐惧、焦虑，这些负面情绪会扳倒我们，让我们一心想要退回到安全的、熟悉的舒适圈内。不断积累自己的勇气和力量是破圈的心法，在一个个选择、一件件小事中积累对自己的信心，相信自己一定可以。

3．学习圈

破圈学习是最重要的途径。学习新技能，比如游泳、滑板、钢琴，培养通过努力训练取得成就的能力。通过学习新技能，可以进入新的圈子，在新的圈子里会发现更多的机会和发展空间。

4．成长圈

建立一个有助于个人成长和发展的社交圈，与有上进心、自控力、责任心的人为伍，共同成长，互相帮助和支持，不断提升自己的能力和素质。这种社交圈子的核心是"共同成长"，而不是"竞争和利益追求"。在这样的圈子中，人们会更加宽容和开放，能够接受各种观点和思想，更加包容和理解他人。升级成长圈是一种高效的成长方式，可以让人们不断提升自己的能力和素质，成为更加优秀的自己。

5．自在圈

回归自在圈能获得真正的智慧，学会接纳自己，学会自我关怀，真正的自在是与这个世界和谐相处。

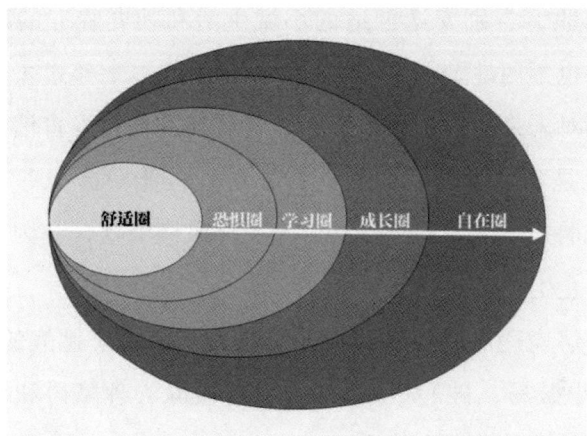

小牛电动车创始人胡依林，出生在安徽阜阳，初中辍学后并没有被局限在学历中。他以强烈的求知欲自学网络技术，最终通过自己的努力和才华进入了微软公司。在微软工作期间，胡依林不满足于掌握编程技术，而是自学设计并离开微软入职青蛙设计公司。他又通过自学和对市场的深入调查，创立了小牛电动车公司。他不断突破舒适圈，拓宽自己的技能和知识领域的边界。通过不断破圈和努力奋斗，他实现了N级跨越。

鸡蛋从外打破是食物，从内打破是生命。所以，对于内心的恐惧和固有的思维模式，我们要不断突破它、克服它，最终战胜它，才能建立一个由内而外真正自信的自我。

很多人认为三十几岁已经到了职场焦虑期，但于我而言，三十五岁我的人生貌似才刚刚开始。那一年我从电视台正式辞职，告别安逸舒适的小城生活和朝九晚五的稳定工作，头也不回地踏上了深圳这趟高速列车。七年过去了，从安逸到对未来不确定性的恐惧，再到现在的愈发自信、活出自我，是不断学习、突破认知、更新技能塑造了一个全新的、脱胎换骨的我。这一切都离不开破圈与迭代，因为，我从未停止生长。

自信表达需要具备开放的思维方式和勇于挑战的精神，"破山中贼易，破心中贼难"，只有破除心理障碍和思维定式，才能真正实现自信表达。

三、提升表达技能

当我们能接纳恐惧，拥有破圈思维，就拥有了成长和自信的力量。当然，仅拥有自信还不够，还需要掌握更多的表达技巧，优秀的人总是在自我革命。同时也应寻求更多的反馈，因为即使是拒绝的声音里都充满了无比珍贵的信息。因此，想要优秀表达，需要拥有勇于自我革命的精神，升级自身技能。

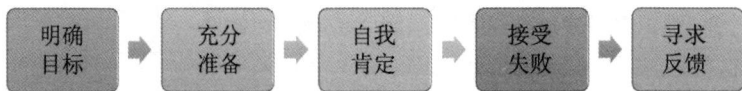

明确目标 ➡ 充分准备 ➡ 自我肯定 ➡ 接受失败 ➡ 寻求反馈

1．明确目标

先明确想要表达的内容和目的。当明确知道自己想要传达的信息和目的的时候，会更有信心表达自己的想法。

2．充分准备

做好充分的准备可以增强自信心。对于需要演讲或展示的场合，可以提前做好资料准备、练习演讲，熟悉要表达的内容，从而减少紧张感和不确定感。

3．自我肯定

时刻保持自我肯定的态度，相信自己的能力和价值。知道自己的长处和优势，并且积极地利用它们来表达自己的想法。不要太过关注自己的不足和缺点，把注意力集中在自己的长处上，从而增强自信心。

4．接受失败

在成长和提升的过程中必然会遇到挫折和失败。不要因为失败而失去信心，相反，应该接受失败，从中学习经验教训，不断提高自己的表达能力。

5．寻求反馈

向他人寻求反馈是提高自信心的有效途径之一。通过听取他人的意见和建议，可以更好地发现自己的问题和不足，同时也可以得到他人的认可和支持，从而增强自信心。

面试是生活中最常见的正式表达的场合之一，不妨模拟一下，假如此时你正想参加一场非常重要的面试，你需要精心准备好以下几个问题，并把这些问题的答案写在纸上。

- 想要达成的目标是什么？公司的情况了解清楚了吗？
- 能胜任这份工作吗？

- 是否足够相信自己可以？
- 能否欣然接受失败？

在面试中可以自信地表达自己的想法，充分展现个人魅力和能力。面试中还可能会遇到无法回答的问题，但真诚永远是沟通的"必杀技"，还要保持镇定和专业。在面试结束后，还可以礼貌地向面试官询问自己的表现，无论成功还是失败，都要客观分析和采纳这些建议的有益部分。记住，重视每一次失败，因为每一次失败里都隐藏着助力自己改进的信息。

我大学毕业找工作时，由于没有经验，觉得只要工作关键词匹配，自己就能够胜任，于是漫无目的地投简历。面试之前也没有做充分的准备，黄头发、牛仔衣，就出现在面试官面前，结果可想而知。

经过这些年的历练，我也成了别人眼中的职场"白骨精"。我终于明白，你给别人的第一印象就是别人对你的全部印象，别人永远没有办法透过你邋遢的外表去欣赏你优秀的内在。所以，如果你想有一个满意的面试结果，目标明确、准备充分、心态积极、接受失败和寻求反馈将成为你成功的关键。通过这些方法的综合运用，你也可以在面试中自信而有魅力，取得更好的结果。

"这个世界没有真相，只有印象。刻意练习和重复训练才是自信表达的标配。"

在日常生活中我们可以通过录音、录像、与人交流，不断尝试新的表达方式和思路，寻求他人的反馈，找出不足。遇到负面反馈不要看成是批评或否定，而是当成成长和提高的机会。

自信是表达的基石，是对自我能力的肯定，是对自身价值的认同。自信需要修炼、积累、夯实。良好表达力背后的自信，一定是由内而外散发出来的，接受不完美，提升能力，打破认知，刻意训练，努力实践。

小贴士：

希望你可以进一步思考：假如你是一名销售人员，需要与客户进行销售谈判，该如何做准备？尝试说出来，看看你是否学到了这节内容的精髓。

---

03 肢体语言，让表达更生动

"肢体语言是表达中不可或缺的一部分，它可以增强表达的效果和说服力，甚至比语言本身更有力量。"

心理学中有这么一个公式：一条信息的表达=7%的语言+38%的声音+55%的肢体动作。肢体动作是一种无声的语言，既可以引起听众的注意，又可以把表达者的思想、情感、内容表达得更生动、更有感染力，从而给听众留下深刻的印象。

因此，恰到好处的肢体动作不仅能使表达更有节奏感，还能激发表达者的情感，从而使表达更饱满、更有感染力，让"内化于心"的内容通过"外化于形"的肢体语言更深刻地表达出来。更重要的是，使用肢体动作还可以缓解表达者的紧张情绪，塑造自身独特的人格魅力。

一、手势要模仿

手势是我们在表达中最常见的肢体动作之一，但是很多人在讲话时常常不知道手该放在何处，总觉得没有合适的位置，很是头疼。

大学毕业，我刚进电视台工作的时候，经常会出外景，每次录完后回看自己的手势动作，并不满意。所以私下里，我会特别留意其他主持人说话时的动作和手势。他们说话时双手打开的宽度、高度以及他们手掌的形状，甚至动作频率我都会模仿。还会找到我喜欢的主持人的视频，对照练习，拆解每一个动作。

最开始模仿时手势会非常僵硬，我甚至一直思考该不该伸手、掌心应该是向上还是向内、高度到底对不对等。节目播出后我还会反复观察动作是否到位，下一次该注意什么等，也曾因为动作不协调而感到极度尴尬。

经过很长一段时间，我惊讶地发现，不用再去有意识地思考说某句话的同时该用什么样的手势，我可以根据自己的语言节奏、不同的表达风格，匹配不同的手势动作，这都是我刻意练习的成果。

建议先从模仿开始。练习的时候，无论想打造什么样的风格，手势一定要有美感，要协调，要放松。

1. 有美感

切记不要过于夸张，动作熟练之后，再使其适应自己的语言表达节奏，不断优化。

手势贵在自然。只有自然才能让人觉得这是真实的表达，才能有美感。因为人们对真实的事物总是天然保留着善意和信任。

2. 协调

手势的起伏和语言的节奏是统一、和谐的。例如，你的话已经讲完，但手势还没有做，或者手势还在继续，这样动作就失去了它的意义，甚至还可能让听者觉得滑稽。

此外，手势和情绪也应协调。手势的幅度应该结合你的情绪状态进行适当的调整。如果情绪激昂，手势可以配合情绪的表达，幅度和强度随之增大，反之亦然。

3. 放松

当人很紧张的时候，身体的各个部位会显得很僵硬。如果你一味关注手势动作，会打乱你的表达，忘记想说的话，所以在练习中调整尤为重要。

你甚至可以在脑海中想象：面前是你最喜欢的蔬菜或者水果。当你看到你最喜欢的食物时，你的心理状态是什么样的？这种想象也可以帮助你放松心情。

手势动作的核心：自然、有美感，切忌做作；协调，切忌突兀；精简，切忌繁杂；变化，切忌死板。

该走的路，每一步都不能少。最快的学习方法一定是先模仿，特别是模仿优秀的人，先完成再完美。只要敢于迈出第一步，勇气便会随之而来，好结果也会随之而来。

二、眼神要真诚

很多人在说话的时候，眼神游离、飘忽不定，对于这样的表达者，哪怕他真的有实力，也很难让人完全相信。"眼睛是心灵的窗户。"它可以表达情感、态度和意图，同时还可以增强表达效果和说服力。表达时眼神应该是怎样的？以下是一些锻炼眼神的方法。

在一对一交流中，保持和善而坚定的目光很重要。这种眼神交流可以表达信任、尊重和亲近感。更多的眼神接触可以让对方更容易相信和接受你所表达的信息。

在一对多交流中，可以使用以下方法：

环视法：在讲话时，快速地扫视听众，与不同的人建立眼神联系。考虑现场的每一个人，可以让别人感受到你在关注他们，增强他们的参与感和兴趣。

点视法：有时你可能想强调某个观点或与现场的某部分听众建立更紧密的联系，不妨有目的性地集中注视某人或某个地方，引起对方的关注。但要适可而止，避免因为长时间注视某部分听众而忽略其他人，同时也要避免被长时间注视的人因此变得局促不安。

如果你在公众表达时过于紧张，也可以注视你喜欢的人或者支持你的人，在他们身上获得认同和力量。

虚视法：在一些情况下，直接注视对方可能显得过于无礼。使用虚视法，让眼神稍微放松，看起来注视的是整个群体而不是某个人，这让你在多人交流中更加舒适地表达自己。

眼神交流是一种强有力的非语言沟通方式，也是一个人内心的投射，想要赢得大家的信任，**眼神交流就应该是自然而然的，不要刻意或过度，用自信和坦诚来展现一个真实而有力量的自己。**

三、表情要自然

有些演讲者具有丰富的面部表情，他们在演讲时能够自然地展现出多样的表情，增强演讲的表达力和吸引力。

美国前总统巴拉克·奥巴马以其演讲魅力和表达能力而闻名。他在演讲中经常运用各种表情，包括微笑、抬眉、眼神移动等，传达不同的情感和强调演讲重点。他的面部表情能够与演讲内容紧密结合，增强演讲的说服力和亲和力。

面部表情的多样使他的演讲更具吸引力和影响力，同时还能通过面部表情与观众建立情感连接，增强演讲的表达效果，赢得观众的支持。值得注意的是，每个人的面部表情风格都是独特的，在你和对方沟通时，脸上所表现出来的喜怒哀乐都会以最直观的方式影响对方。每个细小表情的管理同样不容忽视。以下是应该注意的细节：

1. 笑容

保持微笑可以让人感觉友好、亲切和愉悦。在表达中，适当微笑可以让观众感到舒适和信任，同时也可以提升表达的积极性和魅力。

2．眉毛

眉毛可以传达不同的情感和态度。例如，皱眉可以表达担忧或者不满，提起眉毛可以表达惊讶或者好奇。

3．眼睛

眼睛是面部表情中最重要的部分之一，可以传达情感、态度和意图。例如，眯眼可以表达轻蔑或者警惕，瞪大眼睛可以表达惊讶或者紧张。

4．嘴唇

嘴唇的表情可以传达不同的情感和态度。例如，张嘴可以表达惊讶或者震惊，噘嘴可以表达不满或者不悦。

在使用面部表情时，需要注意保持适当的表达和姿势，并根据表达的内容和目的加以调整，以达到更好的表达效果和说服力。

四、姿势要重视

姿势可以表现心态，例如，站立姿势可以显示自信和威严，而松垮的坐姿则可能显示走神或轻佻。以下是一些常见的姿势，可以在表达时注意和运用。

直立姿势：身体笔直、挺胸抬头的直立姿势能够给人自信和专注的印象。这种姿势表明你对自己所说的内容有信心，显示出你对对方的尊重和重视。直立姿势还可以有助于让你的话语更加有说服力和吸引力。

开放姿势：开放姿势是指身体面向他人，肢体放松自然，不交叉双臂或双腿。这种姿势传达出开放和友好的态度，表明你对与对方的互动感兴趣，并愿意接受他们的意见和观点。开放姿势有助于建立良好的沟通氛围，增进互信和合作。

对于初学者来说，一切的动作都可以从模仿开始，如果想跑步，就必须先学会走路。而学习肢体动作最好的方法是从模仿最基本的动作开始，形成肌肉记忆，通过日常的刻意练习，找到自己的风格。

知识是基础，行动是重点。只有将知识转化为实际行动，才能真正理解和应用。在沟通中，肢体动作也应与表达内容和情感保持统一和一致，这样才能使对方感到流畅、舒适、自然。知行合一，是实现有效沟通和实践的关键。

结合本节的主题可以思考一下：如果你在一个重要的考试中取得好成绩，会用什么肢体动作来表达喜悦？如果你今天很生气，会用什么样的肢体动作来表达愤怒？大胆一点，行动起来，必胜的前提是精通所有"招式"。

> 小贴士：
> （1）不可用食指指人；
> （2）切忌用手拍麦克风；
> （3）真诚、自信才是表达的王道。

04　用声音打动人心

"每个人都有独特的声音，它是个性和特色的体现。请珍惜并发掘你的声音之美。"

每个人都有自己独特的声音特质，但很多人却不知道如何运用好自己的声音来提高表达的影响力。在过去的十几年里，我从一名新闻主播变成一名老师，变的是行业，不变的是我一直在用声音传递价值。由于职业原因，我对别人的声音比较敏感。不管走到哪儿，我的耳朵都会本能地去感受每个人在表达时的声音状态。

声音是你的另一张面孔，很多时候你所认为的声音小问题，其实无时无刻不在影响别人对你的评价，甚至会形成灾难式的印象。

一、五种声音形象

存在五种典型的负面声音形象，不妨把自己平时说话的声音录制下来，对照下面总结的五种问题，找出不足。

第一种：震耳欲聋、有失修养的声音

有些人说话粗声大气，对别人呼来喝去，别人就会觉得性格莽撞、有失涵养。他们可能并不是故意的，因为他们天生肺活量大，音量大，自己不知道控制的方法。

第二种：缺乏存在感的声音

例如，在台上做报告的人始终用一种没有任何节奏感的声音汇报工作，没有节奏感、乏味单一的腔调，就像催眠曲让人昏昏欲睡。很可能无论台上的人说得多么有道理，这种声音都会给别人留下胆小、不自信、缺乏能力的印象。

第三种：语速过快的声音

或许有人认为高冷的声音很有个人特色和风格，但在绝大多数的社交和工作场合，人们更喜欢那些听起来更为亲切的声音。如果从事销售、公关、咨询等工作，和别人沟通是工作中非常重要的一部分，冷漠的声音会影响工作进展，因为它不自觉拉远了对话者之间的心理距离。

第四种：急躁的声音

这类声音特点是，音色尖细，音调过高，而且语调起伏大。有的人天生音域比较广，音调高低随时变化，有时候为了加强语气，不自觉地就会把音调调高八度，给人留下急躁、不稳重的印象。

第五种：含糊不清的声音

如果你嘟嘟囔囔，表意不明，就算是说话很有逻辑，但

声音却让别人认为你糊里糊涂，在职场容易让人质疑你的工作能力。出现这种问题，原因可能是共鸣，尤其是低音共鸣过重，如果口齿也略有不清，就会造成语义不清的表达效果。

在各种场合给别人留下聪明伶俐的印象是目标。其实只要做到下面所说，你也可以"伶牙俐齿"。首先是控制发声位置，然后通过练习绕口令、纠正发音来增强口齿的灵活度，达到珠落玉盘的清脆感。

二、声音、语速和语气

要运用声音、语速和语气让自己的声音更具说服力，让它们成为表达的利器，让你的表达更容易被他人接受和理解。

1. 认识声音

每个人的声音条件有所不同，有人声音清脆，有人声音沙哑，有人说话含糊不清。在学习技巧之前先了解自己的声音特质。

声音尖细：尖细的声音会让人感觉不够成熟，甚至还可能给人留下一惊一乍的印象。如果你认为自己的声音相对尖细，那么请尽量避免过于激动的表达，因为人在激动的状态下，声带会更为收缩，声音听起来就会更加刺耳。这时可以打开口腔，增加共鸣练习。

声音沙哑：沙哑的声音会给人粗野的感觉。很多人觉得自己声音沙哑，想通过练习把声音变得更加明亮。如果天生声音沙哑，一味追求明亮的声音不仅会伤害声带，还容易变成"破锣嗓""公鸭嗓"。不如顺势而为，利用好低音共鸣的特点，比违背生理条件，刻意练习明亮的音色好得多。

吞字吃字：有些人讲话就像嘴里含着东西一样，听起来让人很难受。我身边有一些朋友，能力突出、长相出众，可他们一旦开口说话，浓重的方言和含糊不清的发音让他们的整体气质大打折扣。建议平时通过朗读、练绕口令等方式加强舌头的训练，不断调整自己的口腔和发音状态，逐步改善声音的清晰度和质感。

以下是一些简单的绕口令，建议大家每天拿出来练习：

四是四，十是十，十四是十四，四十是四十。

东道主的东西，东倒西歪地倒在东边的东院里。

七只石狮子，石狮子是石，不是狮子。

我问你一句，你问我一句，问了我一句，我问了你一句。

姑娘屋后花园里种了二十二棵花，九棵白菜，八棵西红柿，五棵黄瓜。

除了要注意以上这些声音问题外，讲话的音量同样应该被重视。较高的音量可以传达力量和决心，而较低的音量则可以传达温柔和关怀。有些人讲话不分场合，不是声音过大就是声音过小，过高或过低的音量都可能让人听起来疲劳或者难以理解。所以要根据场合调整音量的大小，恰到好处的音量可以使讲话更有力量和感染力。

2. 语速

语速和节奏很可能影响沟通的效果。使用适当的语速和节奏可以显得自信和冷静，同时也可以让自己的话更易于理解和吸引对方的注意力。

语速适当："好话不在多说，有理不在高声。"越急于表达，越不能急躁，一定不要让你的语速，超过你大脑的反应速度。

语速不要追求快，更不能过慢。语速快确实可以展现出你饱满的状态和激情，但是过快的语速可能导致听众难以理解你的表达，甚至会减少说服力。如果你想避免过快的语速，在讲话前深呼吸是一种有效的放松方法，会让你保持一种相对松弛的状态。

敢于停顿：掌握好停顿技巧，可以让你的发言更具感染力。任何时候都不要紧张，永远展现出舒适放松的状态，把任何想接触的人当成老朋友，轻松地交谈，社交即使没有效果也可以坦然接受，这就是社交魅力学。

以年终汇报工作为例：

"首先，感谢大家抽出时间来听我汇报工作。我先来介绍一下我们团队在过去一年来所取得的成绩。我们根据市场调研、数据分析和市场反馈，重新迭代了一代产品并正式投入市场。同时，我们在一季度确实面临了一些挑战，但我们采取了积极的措施来解决问题。比如我们重新调整了业务，加强了部门协同，以及改善优化了协作流程。最后，我们成功地完成了目标，并且客户的反馈也很好。"

在这份工作汇报中，汇报人运用了适当的语速和节奏来强调不同的想法和解决方案，让听众更容易理解和接受。同时在表达时也注意了停顿的运用，展现出了自信和专业的态度。语速和停顿需要不断练习才能够真正掌握。建议大家日常通过朗读或者参加线下的各类沙龙演讲等形式来提高掌握适当的表达节奏的能力。表达时注意不要过于刻意，要让自己的语速和停顿自然而然地融到讲话中。

节奏训练素材：

妈妈骑马马慢，儿子骑马马快，妈妈赶上儿子骂儿子，儿子不骂妈妈骂马。

桃花潭水深千尺，不及汪伦送我情。汪伦送我时，情深似海，等闲变却故人心。

少壮不努力，老大徒伤悲。往日的苦涩，今日的糖蜜。奋斗的年华，绚烂的人生。

3．语气

涉世未深时，容易被侃侃而谈所吸引，觉得能够那样表达的人才是真正的高手。随着见到的人越来越多，就会觉得一个语气柔和、懂得关照别人感受的人才是最有语言魅力的。

语气在沟通中非常重要，可以传达态度和立场。在生活中你会发现那些给人印象特别好的人，说话总是让人感觉如沐春风。相反，很多暴力事件的发生也是因为语言上的冲突，所以恰当的语气可以使沟通更加有效。

曾经有一个公司的管理者，总是和员工使用冷漠、不耐烦的语气。他认为这是一种高效的管理方式，然而，这种语气却给员工带来了很大的压力和挫败感，他们开始不愿认真对待工作，甚至有人辞职离开。

后来，这个经理开始反思自己的管理方式，在语气上做出改变。他学会了用更友善和亲切的语气与员工沟通，关注他们的感受和需求。随着时间的推移，员工的工作热情和效率都得到了提升，整个公司的氛围也变得更加融洽和温暖。

"良言一句三冬暖，恶语伤人六月寒。"会表达的人，往往一句话就能让人如沐春风，而不懂得表达则会给自己的形象减分。得体的语言不仅能够建立良好的人际关系，还能加强信任和促进合作，营造更加积极、高效的工作环境。

正确的语言表达，包含了一种谦逊和真诚的处世哲学，你的个人魅力、个人气质也会通过你的表达自然而然呈现出来，成为你的隐性财富。其实调整声音，跟穿衣搭配有相似的道理，不管你是高个子还是矮个子，只要掌握搭配原理，扬长避短，都可以展现出自己的风采。

　　必须强调的是，无论声音多么动听，节奏掌握多么恰当，也不要忘记，沟通的底色是真诚。一个总想在语言上抢风头的人，随时可能跌落低谷。没有真诚的态度，再好的技巧也无法打动人心。

第二章

抓住人心，
让表达充满说服力

01　打动对方，掌握表达主动权

　　在日常生活中侃侃而谈不是难事，但面对问题和挑战时，总有很多想说的，却无法清晰表达，最终懊恼不已。在工作、家庭和社交场合中，我们常常希望拥有更多的表达主动权，赢得信任和支持。

　　每个人的成长背景、个人喜好、表达逻辑、信息处理方式各不相同，导致人与人之间的沟通难度和成本很大。想要在这个充满机遇和挑战的世界中拥有更多被看见的可能性，就需要以主动的姿态来表达自己。

　　只有主动，才会拥有更多的可能性。

　　在生活中主动表达，可以结识更多的贵人。

　　在职场上主动表达，可以抓住更多的机会。

　　在爱情中主动表达，可以收获幸福和真爱。

　　那么，如何通过掌握表达主动权来引导谈话方向和内容，从而更快收获成果？接下来，不妨在我过去十几年的经验中学习一些技巧，让你在沟通中占据主导权。

一、积极主动，掌握表达主动权

在当今快节奏的工作和生活中，表达主动权非常关键，尤其在求职面试中更是至关重要。为什么有些优秀的人，尽管能力出众，却难以获得与之匹配的工作呢？这通常是因为他们在面试中无法主动表达，不能在短时间内清晰明了、开门见山地展示自己的优势。

面试是一场博弈，除了展现专业能力外，还需要展示个人素质，包括形象、口才等。为了在面试中脱颖而出，我们必须准备充分，以精准"打击"面试官。我们要以终为始，有的放矢地呈现自己的工作经历和个人优势，从而取得面试官的认可，提高其对自己的好感度。

一家上市公司的人力资源总监，与我谈起在面试员工时遇到的问题。比如，有些人只顾展示自己，滔滔不绝，让面试官无法找到重点，又不好意思打断；有些人则回答得非常简短，导致面试官难以深入了解他们。这样的被动表达往往让参加面试者无法全面展现自己，失去了本应该得到的工作机会。

要想在面试中脱颖而出，需要拥有主动表达的能力。在交谈开始时，可以自信地说："如果您对我接下来的某部分讲述有兴趣，请随时打断我。"这样的高情商表达不仅让面试官产生了好感，还可能对面试者的个人能力更加认同。

实际上，那些每次都把握住机会，敢于表达自己观点的人更容易得到面试官的青睐，从而获得心仪的工作机会。勇于表达自我，展现个人价值和才华，从而更容易被他人看见，留下正面印象，赢得更多机会和认可。

在日常交流中，掌握表达主动权也同样重要。不仅面试中需要，日常生活中的言谈也需要积极主动，以赢得他人的信任和支持。掌握表达主动权是一种智慧，它不仅是技巧的运用，更是一种能力的体现。只有通过不断练习和实践，才能在沟通中取得更大的成效。

主动表达并不是抢着说话，而是智慧的体现。了解何时以及如何表达自己的观点，是主动表达的关键。在重要场合或关键时刻，提前准备和构思表达内容至关重要，这将使你在交流中更加自信和有说服力。

二、用肯定的语言，展现自信的姿态

主动表达并非咄咄逼人，而是以积极自信的姿态、真实地表达自己的意愿。哈佛大学的一项调查显示，一个人是否能胜任一件事情，85%取决于心态，而只有15%取决于智力和工作经验。自信就是一种良好的进取态度。

使用积极、肯定的语言和自信的姿态来表达自己的观点和意见，这种方式让对方感受到你话语的力量，从而更容易接受你的观点，提升语言说服力。

以下是保持自信、与他人建立良好沟通关系，高效实现合作的小技巧。

不要过度敏感：很多时候，你不敢表达是因为过于担心自己可能会出丑。然而，事实上，其他人并没有你想象中那么在意你的表现，大多数人更关心自己的事情。因此，不要太过在意别人的评判，放开心胸去表达自己。

适时停顿和放慢语速：在表达时，适当停顿和放慢语速会让你显得更稳重。紧张时，由于语速过快，导致对方难以理解你的意思。试着慢下来，与听众保持眼神交流，你会变得从容不迫和气场强大。

给自己积极的心理暗示：心理学中有"自证预言"效应，一个人会不自觉地按自己内心的预言行事，最终令预言变为现实。当不断给予自己自信的心理暗示：相信自己，将向自己所期盼的方向迈进。即便可能不太情愿地"上了舞台"，也不要以尴尬收场。给自己一个积极的心理暗示：站在台上自己就是主角，哪怕自己没有看上去那么自信，慢慢也会发自内心地自信。

通过这些方法，你可以提升表达清晰度和提高说服力。自信、积极的表达方式会让你在职场和生活中取得更好的成绩，与他人建立更加积极、有效的关系。记住，主动表达并非通过咄咄逼人或强势的方式，而是通过自信和真实的态度来与他人交流，建立良好的人际关系，抓住更多的成功机会。

三、倾听、理解对方

未全心全意投入的谈话，就是一段关系的终结。

掌握表达主动权并不意味着忽视对方的意见和观点。相反，倾听和理解对方是建立信任和有效沟通的重要一步。

在一场交谈中，是带着自己的意图和目的去寻找信息关键点，还是总有意无意地抢着说话？真正有效的表达需要既会倾听又会诉说。只会倾听而不会表达，永远无法影响他人；只会表达而不会倾听，永远也无法打动人心。

懂得倾听在人际交往中非常重要，就像呼吸一样。通过倾听和理解对方，可以更好地引导他们，根据他们的需求和意见作出调整。因此，说服的前提是倾听和尊重。认真倾听他人的观点，而不是只顾着自己的输出。

然而，优质的倾听不是浮于表面、虚情假意。不管你如何伪装，对方总能察觉出真假。真正的倾听要让对方放下戒备心，听到他们的言外之意。这样不仅能够在双方之间建立信任，还更容易让你成为他们的朋友。

当我们愿意聆听别人的心声时，我们与他人之间的关系会变得更加牢固、更加丰富。这种真诚的倾听会使我们与他人之间的联系更加紧密。

四、掌握表达主动权，是"服"不是"说"

掌握表达主动权不仅是一种技巧，更是一种能力。很多人会错误地认为，巧舌如簧、能言善辩、滔滔不绝的人就是会说话。这是一个极大的误区。真正会说话是在意识到他人需求的基础上运用表达技巧，以自身的真诚和关心去打动对方，而不是仅为了表现自己。

在和他人沟通并想说服对方时，都会"拼命"地去表现，卖力地让自己显得更出色和吸引人，从而让别人更容易接受我们的观点。然而，在这个过程中，必须牢记沟通的目的是影响和说服，而不是自我"表演"。有些人口才很好，无论对谁讲话都能滔滔不绝，却常常不能说服别人。为什么呢？因为他们更多的是在"说"，而不关注"服"。

一个销售团队有两个让人印象深刻的销售人员：销售A和销售B。

其中销售A是一个很健谈的人。他总能用充满激情和吸引人的方式来介绍公司的产品，引起大家的关注和赞赏。

而销售B并不擅长演讲，她的表达不如A那样流利，但她是一个真正的"服"务者。她善于发现客户的需求和关注点，然后为客户提供量身定制的解决方案。她投入精力仔细分析客户的问题，给予针对性的建议和指导。她与客户建立起了信任关系，通过真诚的关心和专业的服务来帮助他们解决问题。

在实际销售中，A更多地关注自己的表现力，强调自己的优势和产品的特点。然而，他常常忽视了客户的需求和关注点，只在意自己的目标是否达成。

相反，B更注重与客户的沟通和相互理解，更加关注客户的利益和满意度。她提供个性化的解决方案，重视客户的反馈和意见。她赢得了客户的信任，提高了客户的忠实度。

结果是，尽管A的表达技巧运用很娴熟，但他无法与客户建立更深入的联系，销售成绩并不理想。而B虽然不善言辞，但她通过自己的体贴和关怀赢得了客户的认可，取得了比A更大的销售业绩。

这个例子说明掌握表达主动权的重点是"服"而不是"说"。沟通时，重要的不仅有口才和演讲技巧，更重要的是真正关心他人的需求，通过行动来展示自己的价值和服务态度。通过关注他人的利益和提供有益的解决方案，赢得他人的尊重和信任，从而得到更好的沟通效果。

记住，掌握表达主动权对于有效沟通和增加影响力至关重要。它让你能够引导他人的思维和情感，更有效地传达你的观点、影响他人的决策，建立良好的人际关系。通过学习和应用引导他人的技巧，你可以增加自己的表达主动权，实现更有影响力的沟通。

小贴士：

真正的主动，是一种智慧；盲目的主动，却是被动。

02　故事思维：吸引听众的关键

一个好的故事，总会不经意地触碰到心灵的柔软处。

在漫长的历史长河中，故事一直是人类交流与传承智慧的重要方式。从古老的神话传说到现代的电影小说，再到如今的自媒体短视频，丰富而有冲击力的故事总能触动我们的情感，影响我们的观念。在信息时代，要想牵住听众的心，运用故事思维无疑是一项值得学习的技巧。

一、运用故事思维

运用故事思维来吸引听众，让表达更具魅力和说服力。

先来看下面这张图，从图中可以清晰地看到沟通中的漏斗效应。当人们试图向他人传递信息时，心里原本构思的100%的内容，在口头表达时便会有20%的遗漏，因此实际说出的只有80%。而当这80%的信息进入听众的耳朵时，由于每个人的文化背景、知识积累和理解能力存在差异，信息再次被筛选掉20%，听众只听到了60%。而最终，真正被听众消化并理解的内容，仅剩下40%。沟通漏斗形象地展示了信息从说者到听者传递过程中逐渐衰减的现象。

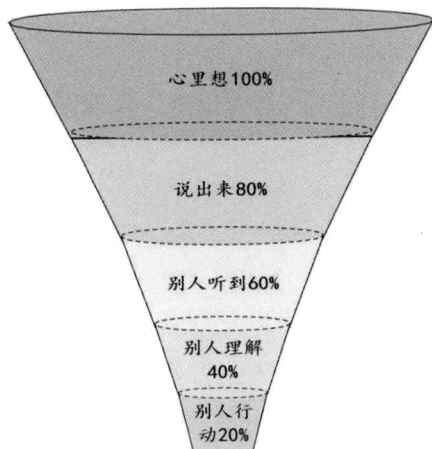

心里想100%

说出来80%

别人听到60%

别人理解
40%

别人行
动20%

　　真正让人印象深刻的往往是你在表达时所穿插的故事。因为，故事可以让枯燥的语言更生动，让抽象的概念具象化，更容易让听众产生共鸣，更容易让其感知和理解。

　　很多年前，我在老家的一所高中给即将高考的孩子们上播音主持课。我引用了某个企业家曾经说过的一句话"梦想是你此生热爱和天赋最高形式的表达"，带领大家探讨了"热爱"这个话题。

　　我给大家讲了这样一个故事：古代的一位将军骑着马匆匆赶路，突然看到一只小兔从路边跑过。将军觉得这只小兔很可爱，于是决定追到它。他奋力扬鞭，但无论如何都追不上小兔。他心里有些不满，但又不得不放弃追逐。

有一个过路人看到了这一幕，他微笑着对将军说："将军，你为什么要追赶那只小兔呢？它对你没有威胁，你追它也没有任何好处。"

将军意识到过路人的话有道理，他明白自己浪费了时间和精力追逐一只无关紧要的小兔。于是，将军对过路人表示感谢，决定专心赶路，专注更重要的事情。

这个故事很容易让人理解哪些事情是值得追求的，哪些事情只是浪费时间和精力。只有专注于真正重要的事情，懂得取舍，才更容易达成人生目标和实现梦想。对于梦想，我们需要坚持不懈地追求和热爱，需要有"将军赶路，不追小兔"的坚定和执着，每个人，都是向着目的地奔跑的将军。

故事在交流中拥有独特的魔力。无论是在演讲、教学还是日常交流中，通过讲述引人入胜的故事，我们可以更好地与他人建立联系，让他们深刻理解我们的观点。

对听众来说，晦涩难懂的概念往往难以记住，而生动有趣的故事却能深入人心。当我们听到一个生动有趣的故事时，可能会与故事中的人物共情，这使得我们更容易投入其中，并且记忆深刻。

人类的大脑是一个奇妙而复杂的器官，由左脑和右脑组成。左脑负责调节和控制情绪，而右脑则是情感的表达者。左脑主要负责逻辑分析和语言表达等，而右脑则更擅长感知情感和产生直觉。故事能够在左右脑之间建立连接，整合逻辑和催生情感，使我们接收到的信息更全面、更丰富。这种综合的体验能够让大脑活跃和兴奋，使得我们对故事感兴趣，也更容易通过故事去达成沟通的目的。因此，在演讲、教学以及日常交流中，讲述有趣的故事是非常有效的传递信息和观点的方式。

二、讲好一个故事

一个好的故事一定是完整的、让人感觉真实的、有代入感的。那么，如何讲好一个故事引起听众的共鸣？

1. 与听众建立关系

所讲的故事应该以听众为出发点，以听众的视角来讲述这个故事，故事应该与听众的个人经历、生活中的困惑、遇到的问题有相似之处，给听众提供解决问题的思路等，和听众建立联结，吸引听众的注意力。

2. 制造矛盾和冲突

在讲述故事时，掌握好节奏感，适当制造悬念，通过不合乎常情的设计，引发矛盾冲突，增加听众的紧张感和期待感，让故事更有张力。

（1）**故事要有细节和画面感。**没有细节，会显得故事不够生动；细节太多，又会显得冗长拖沓。通过使用形象的语言和生动的细节描述，让听众更好地想象故事中的情节和场景。细节可以包括人物的外貌、环境以及感官体验等，让听众感受到故事的真实性。还可以用引人瞩目的事件或者令人好奇的问题来激发听众的兴趣。

一名销售业绩良好的主播的直播间想必很多人都见过，日用品、水果或书籍等平平无奇的商品，被主播以充满感染力的语言表达出来，立刻充满了画面感，快速让用户产生了共鸣，有了想要购买的欲望。

（2）故事能引人深思。再动人的故事如果不能紧扣主题，即使精彩也是枉然。讲故事本身除了能够吸引听众的注意，还有更重要的"使命"，能够让对方透过故事明白其中的道理，有获得感，甚至让听众怀揣希望和向往。你的故事能多打动人，影响就有多远，这也是故事本身的力量所在。

（3）故事具有真实性。好的故事一定是真实的，只有真实的情感才能真正打动人心。个人的经历将是你无比珍贵的财富，多去表达自己的真实感受，才能让人产生共鸣。当然，分享经历不是让你去"卖惨"，如果一味通过博同情来取得认同，处理不当很有可能会适得其反。

下面这段文字是超级演说家比赛亚军的部分演讲文字。他天生口齿不清，有语言障碍，但是他的演讲视频网络点击超过10亿次。这段内容真实感人。

我出生在肥东（县）的一个农户家庭，出生的时候脚先"落地"，头被卡在里面，一连几个小时都下不来。我出生的时候，没有呼吸，然后赤脚医生抓着我的双腿，将头朝下使劲地抖，一直抖了好久，我才有了第一声微微的哭泣，就这样我活了下来。

我九岁的时候上小学，我记得我家到小学之间有一条沟，别人很容易就跨过去，我就跨不过去。我也不愿意我的父母天天背着我送我上学，我走到沟前面，试着趴在地上，然后爬下去，再从沟里爬上来，我回头一看，我过去了。也许上天是要告诉我，人生没有过不去的坎。

可是，上高中那年，我中考的分数在全县名列前茅，我被市里一个重点高中录取了，当我报名交完学费，把宿舍床铺都铺好的时候，噩耗传来，我不符合上学标准，必须退学。知道消息后，我站在一旁，默默流泪。我恨，我恨命运对我如此不公平！为什么这样？为什么这样？为什么这样？

我父亲用双手捧着我的脸说："万志，你听着，没有为什么，抱怨没有用！我问你，书还要不要读？"我说："要！"父亲说："我们回家吧，记住，一切靠自己！"

…………

走到今天，我再回头，看我曾经的那些经历、那些挫折，一切都是上天对我最好的安排！

这个故事让许多普通人看到了自己。在沮丧低落、坚持不下去的时候，他的故事给了我们力量和方向。好的故事总是真实而打动人心的，不要忘记自己才是生活的体验者，只有你自己的故事才更能打动人心。任何技巧都无法取代由内而外散发的真诚。

要多留心观察个人生活和周围人的生活。阅读也是很重要的，自媒体时代信息涌入，我们有无数途径获取信息，可以用手机备忘录随时记录下灵感，作为随时可以用的素材，以免这些灵感被四面八方的信息冲走。特别是那些经历过的磨难，体现艰难困苦的人和事物，更能引起人的共鸣。因为苦难让我们的生命变得更加坚韧有力。

在讲故事时，还需要注意以下两点：

谦卑。"上善若水""虚怀若谷""谦受益，满招损"。这些古人留下的智慧的语言传递了一个共同的信息，即做人要懂得谦卑。无论你多么优秀，都不能自视甚高，给人一种居高临下、说教的感觉。

要赢得别人的尊重，谦卑是最好的方式。谦卑不是一种技巧，而是一种人格修为和人生境界。我们要在人生的三个层面上保持谦卑：看待自己时谦虚谨慎，看待天地时谦逊感恩，看待众生时慈悲宽容。谦卑是内心深处的大爱和大格局，不仅能赢得别人的尊重，更能使我们的心灵更加充实和宽广。

利他。讲故事不仅是自身的表达，更重要的是关注听众的理解程度和需求。许多人口才很好，但在讲话时，听众总感到焦躁不安。这可能是因为他们只关注自己感兴趣的事情，而忽视了听众的存在和感受。在交流中，要时刻考虑到对方能否理解我们的话语，以及我们的表达是否能给对方带来价值。要学会换位思考，站在听众的角度去聆听和理解。

举个例子，当我们与朋友聊天时，如果他一直只谈论自己感兴趣的话题而不顾及我们的兴趣，我们可能会感到被忽视，失去持续交流的愿望。因此，"利己则生，利他则久"，具备利他的态度和视角，让我们的表达更富有生命力和感染力。

讲故事时，谦卑和利他是重要的指导原则。谦卑让我们保持谦虚谨慎的心态，不断进取和成长；利他让我们关注听众的需求，通过故事去触动他们的内心和情感。用真诚的故事和关怀的态度去打动听众，才能在交流中建立真正的连接，传递我们的观点，在彼此的心灵上产生共鸣。请努力提高讲故事的能力，用心去触动其他人的心灵。

小贴士：

一个好的故事一定是有的放矢，要思考对方的需求和感受，给予他们有益的信息和观点。例如，当与他人交谈时，可以尝试探索对方的兴趣领域，将话题扩展到他们感兴趣的内容。这样就能够与他们建立更好的连接并产生共鸣，促进持久的交流和推动关系发展。

03 让幽默成为你的社交名片

"幽默是人生的润滑剂，让生活变得更加顺滑。"

当谈论个人影响力时，很容易联想到领导才能、沟通技巧、魅力和外表。然而，在这个复杂多变的社交时代，幽默已成为打动人心、塑造卓越个人影响力的不可或缺的元素。

你是否曾被那些魅力出众的人所吸引？他们总能在不经意间带来欢声笑语，让周围的人对他们刮目相看。谁都喜欢和谈吐不俗、机智风趣的人交往，而不喜欢和郁郁寡欢、离群索居的人在一起。幽默已然成了与他人建立良好关系和默契的桥梁，拥有个人魅力是脱颖而出的关键，也是在社交场合中吸引人们目光的魔法杖。

生活中，人与人之间总是会发生一些摩擦，有时甚至是剑拔弩张，无法收场。然而，幽默有一种超凡的魔力，它不仅能够缓解紧张尴尬的氛围，还能增进人与人之间的联系，带来快乐与轻松。无论你是否觉得自己缺乏幽默感，都可以通过学习与实践，让幽默化身为得力的助手。幽默不仅是与生俱来的天赋，更是一门可以学习的技能。它能够赋予自己与众不同的个性，让自己脱颖而出。

一、让幽默成为艺术

那到底什么是幽默？有人说幽默就是搞笑，但是能让人发笑的东西有很多，如果仅仅是为了让人发笑，不仅可能会让人讨厌甚至可能成为跳梁小丑。

打个比方，你在生活中是否经常遇到这种人，他会给你讲最近流行的搞笑段子，可是你并不觉得这个人幽默，甚至会觉得他没有内涵。所以，即使你变成一个"笑话集锦"，别人也未必会觉得你幽默。

因为幽默不是简单地让人发笑，幽默之所以被称为一种智慧，是因为幽默带来的笑声不同于小丑在众人面前耍宝带来的笑声。它需要在智慧积淀的基础上，以优雅、有趣的方式来展现自己的智慧。

要想让幽默成为你表达的加持，我们必须做到以下三点。

1. 自然真实

幽默要自然而真实，也要强调表达内容的重要性。可以寻找与主题相关的笑料和故事，使幽默成为信息传递的一种手段，通过幽默的方式，让对方更好地理解和加深记忆。幽默并不是嘲讽或伤人，而是要善于以自嘲和诙谐的方式表达。自嘲的幽默会让人觉得你谦逊、有趣且平易近人，更容易与你建立真诚的关系。

2.有内涵

著名剧作家萧伯纳曾说："幽默就是用最轻松的语言，说出最深切的道理，表面上感到很可笑，如果继续往深层挖掘，便会从心底会心一笑。"

幽默就像一杯醇酒，越品越会有醉人的味道。因此要想学会幽默，我们必须要观察生活，具备敏锐的洞察力与想象力、良好的素养与语言表达能力，以及优雅的风度与乐观的情绪，准备好这些，我们就可以开启幽默的旅程了。

3.掌握分寸

适时幽默也是关键。幽默并不是随时随地都可以的，要根据不同的场合和听众来决定是否适合讲笑话或是开玩笑。在正式的场合或敏感的话题上，不适当的幽默可能会引起误解或冒犯他人，因此要懂得把握分寸。

二、让幽默成为你的特质

明白了什么是幽默，下一步来学习怎么自然而然地让幽默成为自己的个人特色。以下是几点我认为有效的方法，希望能帮助到你们。

1.站在有趣的视角

幽默是一种世界观，是站在独特的视角去观察世界。要做到这一点，你可能需要比别人多一点天马行空的想象力。比如，假如你现在正为脱发烦恼，你可以用自己头发的视角来自嘲："这家伙为啥要做程序员，就不能为了我换个工作吗？长在这家伙的脑袋上太不容易了，随时都有牺牲的风险。天天熬夜，还吃垃圾食品！昨天跟我约会的那根头发，今天已经被冲进下水道了。"

当你站在一个足够独特的视角去观察这个世界的时候，你就能看到事情有趣，甚至荒诞的地方，所以多做转换视角的训练，对你的幽默感一定有很大的帮助。

仔细观察你周围人的笑点，了解他们的幽默品味。不同的文化和群体有不同的幽默取向，你的幽默应该适应你的听众。了解别人的兴趣爱好，用他们熟悉的话题来开玩笑，会更容易产生笑声。同时在谈话中，也可以刻意制造一些小小的反转或出人意料的结局，这会让你的幽默更打动人心。例如，讲一个看似平常的故事，但在结尾处突然反转，但要注意不要过度，否则会显得虚假。

2. 勇于自嘲

自嘲简单来说就是对自己的弱点有很清晰的认识，同时又有勇气说出来，接纳自己的不完美。适当的自嘲能够让你显得更加平易近人，不会让别人觉得你自负。

例如，当你犯了一个小错误时，可以幽默地说："看来我需要重新考虑一下成为世界第一的计划了。"适当的自我调侃，展现出你的幽默感，同时也要注意不要过度自嘲，以免给人留下消极印象。

有个人，他长相一般，但是特别幽默风趣，所到之处总是充满欢声笑语，整个人的魅力值提升了不少。有一次见他，他刚好换了个特别丑的发型，看起来像个松狮，谁见了都忍不住吐槽两句。他却逢人就说："好不容易习惯了自己的长相，理个发就又换了一种丑法，我又要去习惯了。"话从他嘴里这么一说，立刻又觉得他可爱了不少。

3. 学会"幽默三感"

幽默是一门艺术，学会幽默，可以从改变思维方式开始，尝试运用"幽默三感"——意外感、优越感和放松感来制造幽默惊喜。

意外感：幽默的意外感会让人们在听到你的话时感到"哇！真没想到！"试着在你的故事、笑话或者表达中加入意想不到的转折，或者用颠倒的逻辑，这样的反差会让人觉得有趣，忍俊不禁。

笑产生于当人的大脑在正常运行时，突然出现了一个让自己意想不到的东西，因此产生了错愕，错愕之后又产生了笑。幽默中的逻辑常常与人们平时固有的逻辑相悖，错乱和矛盾出现，笑料也由此而生。

优越感：幽默中的优越感源于对他人弱点或失误的发现。当人们看到他人尴尬时，往往会发笑。然而，要注意幽默中的优越感并非恶意攻击或伤害他人，而是通过幽默的方式让人产生一种放松、愉悦的情绪。值得注意的是，我们对他人尴尬的发笑应该在一种轻松的氛围里，如果当事人并不开心，我们就不应该发笑。

举个例子，在生日聚会上看到寿星被朋友们用蛋糕糊脸，你可能会忍不住发笑，而朋友也是开心的。这就属于因优越感而发笑的情况。也就是说，你脸上干干净净的，而别人却变成了大花脸，优越感由此产生。这种优越感并非出于恶意或伤害他人的意图，而是通过一种轻松、诙谐的方式，为周围的人带来一丝放松和愉悦。

放松感： 幽默可以是放松的方式，不妨试着用幽默来缓解紧张的气氛。当你在谈论严肃的话题时，加入一些幽默元素，让听众会心一笑，放松心情。但要把握尺度，不要在敏感的话题上开玩笑，以免引起他人的不适。

假设你是一个学生，参加完一场重要的考试。你可以这样幽默地表达：

"你知道吗？我昨天参加了一场考试，当考卷交到我手上的那一刻，我突然变成了一个'考试失忆症'患者！一道平时能轻松应对的问题，我居然在考场上完全忘记了答案，感觉脑袋像是被考试题目卡住了一样！幸好老师给了点提示，我才想起来自己原来是学过的，真是紧张到了极点啊！"

　　这个例子中，幽默的表达方式，能够让听众在感同身受的同时感到放松，并且因为很多人都曾有类似的经历，所以也会产生共鸣。

　　可以运用表达中的"幽默三感"，首先要理解这些感觉产生的原因，学会巧妙地运用它们。观察生活中的场景，发现有趣的点，试着用幽默的方式表达出来。慢慢地，你会发现自己越来越熟练，幽默感也会逐渐增强。

　　同时，要注意不要冒犯或伤害他人，幽默应该是友好和积极的。保持乐观和善良的心态，用幽默来为生活增色，让你的表达更具吸引力和趣味！最重要的是，要自信和自然，不要刻意去追求笑声，笑话本身就是一种自然流露。

　　放松心态，肯定自身的幽默感，多多练习，就会逐渐成为一个优秀的表达者，用幽默为自己加分，让人们喜欢和欣赏你的表达风格。记住，幽默是生活的调味品，让你的生活更加多姿多彩。

　　如果你并非天生有高幽默感，那就需要通过不断学习和实践，逐渐锻炼这项技能。学习如何在笑声中扩大你的影响力，用心去感知生活中的乐趣，将它们融入你的表达，你就会成为一个优秀的幽默表达者，给人留下深刻而愉快的印象。**但请记住，幽默从来不是故作滑稽和一味迎合，而是保持真诚和谦逊，才能让你的幽默真正打动人心。**愿每个人都能让幽默成为自身闪亮的名片，在人生的舞台上熠熠生辉，成为他人心目中不可或缺的闪耀之星。

幽默练习小贴士：

（1）多看有趣、优质的综艺节目，学习他们的沟通和表达方式；

（2）靠近幽默风趣的人，和他们交朋友，你是谁取决于与谁同行；

（3）用手机备忘录随时记录有趣的段子，积累多了，幽默就能像呼吸一样简单。

04　穿对比好看更重要

一个人的穿着打扮，是他的教养、品位等方面最真实的写照。

很多人都有过这样的经历：有些人，只是不经意出现在你的视线中，就能让你感受到一股强大的气场，自带魅力和自信。这种强大的气场常常与个人的外表和着装有密切的关系，还会在社交场合中成为一张"活名片"。

无论你是职场新人还是渴望提升自己的表达力和影响力的职场人，本节的内容都将对你有所帮助。记住，正确的场合着装不仅是为了追求外在的华丽与美感，更是为了表达自己的个性和价值观。

外表不仅是一种装束，同时还是一个人个性、品位和气场的延伸。通过巧妙地掌握场合着装的技巧，你将展现出令人难忘的形象和气质，让其成为撬动成功的杠杆。所以，这一小节将介绍一些场合着装的准则和技巧，帮助你选择不同场合中适合的服装，让你更加得体和专业。

你给别人的第一印象，就是你一段时期内在别人心中的全部印象。

场合着装的重要性在于其产生的"首因效应"。当你和他人初次接触时，外貌和着装会塑造对方对自己的第一印象。我们从一个人的形象气质、穿着打扮，多多少少可以看出他的生活态度、层次和品位等，以此为依据来评估对方的个性、能力和价值。

举个例子，你到一家心仪已久的公司去面试，当你出现在面试官眼前，面试官会迅速观察你的形象。如果你穿着整洁得体、注重细节的职业装，给人以专业和自信的印象，面试官很可能对你产生积极的第一印象。相反，如果你着装不当、不整洁或不符合职业形象，很可能会让面试官产生怀疑或不信任的感觉，从而削弱你的竞争力。同样，在与客户进行业务交流时，合适的着装可以增加客户对我们产品或服务的信心，有助于建立良好的合作关系。相反，如果着装不当，不注重细节，可能会降低客户对你的信任。

在不同场合的穿着，是别人对我们做出判断的依据之一。想要穿得好看并不难，但了解着装礼仪、提升场合意识却更重要。在不同场合，人们习惯性地根据你的穿着来判断你的能力和信任度。例如，当你去面试一份工作或者向客户展示一个项目时，你需要给人留下专业、可靠的印象。如果你穿得不符合这个场合的氛围，可能会受到负面影响。

你想成为什么样的人，自己的穿着就应该与之相符。如果你的目标是成为公司的销售总监或设计总监，那么你应该以总监的标准要求自己，用服装来武装自己。请相信，当我们还没有机会通过语言来表达自身实力的时候，穿着一定是通往成功的第一步。因为此时，你的服装可以成为一种无声的语言，有很强的交流属性。

如果你选择恰当的服装，你将有机会获得更多的信任和尊重。穿着合适的服装可以使你看起来更加专业、自信，表明你对职业身份的重视。这种自信和专业的形象可能会使别人更容易接受你的想法，更愿意听取你的建议。

"人靠衣装，马靠鞍"，透过服装可以判断彼此的身份、职业以及可信赖性。因此，场合着装不仅是追求时尚和美观，更是一种策略和工具，合适的着装不等同于追求时尚，它表现的是对场合的尊重。

让我们正确地运用场合着装的技巧，打造出自己独特的形象，在人生的舞台上成为一个成功的表达者。记住，我们的外在形象是我们内在实力的延伸，让我们用着装来展示自己的个性和价值观。

一、"角色，在于所处"

形象呈现无处不在。每个人都希望可以通过着装快速向对方传递出"我是谁""我能给你带来哪些价值"以及"我的专业度"。想要穿得好看并不难，穿对比好看更重要，需要学会着装原则和技巧，不做作、不俗气、大方得体才是穿衣智慧。永远记住，什么场合穿什么样的衣服。

2016年，我到上海考取了国际注册高级礼仪培训师，开启了我职业生涯的"狂奔"之旅。也是在那一年，我第一次系统地了解了形象美学、了解着装的TPO原则，也开启了我对穿衣之道的深度探索。

TPO原则是指着装搭配与时间（time）、地点（place）、场合（occasion）这三者协调一致，才能使服饰穿搭与形象表达和谐统一。在此基础上的个性化，才有意义和价值，才能给人留下得体的印象。

请注意，着装不仅是一种包装，还是我们对自己的一种尊重。穿着得体、合适，能够让你在各种场合中展现自信、专业和个性，从而增加你的影响力。因此，在选择着装时，要根据场合的要求和自身的特质，灵活变通并注重细节，让服装成为你打动他人的得力助手。

服饰里的TPO原则	
TPO是英文中的时间（time）、地点（place）、场合（occasion）三个单词的首字母缩写	
时间原则	时间既包括每天早中晚三个时间段，也包括每年春夏秋冬这四个季节。时间原则要求着装考虑时间因素，根据需要换装。比如，工作时间的着装应根据工作特点和性质搭配，以便于工作、庄重大方为原则；晚间的宴请、音乐会之类的活动中，穿着应以庄重的服饰为宜。夏季以凉爽、轻柔、简洁为着装风格；冬季应以保暖、轻便为着装原则，避免雕肿肥大，也要避免一味追求美观而着装过于单薄

续表

服饰里的TPO原则	
地点原则	地点原则指根据地点、场所、位置不同，着装应有所区别。特定的环境应配以与之相适应、相协调的服饰，才能使视觉和心理舒适。 比如，穿着只有在正式的工作场合才合适的职业正装去娱乐、购物、休闲观光，或者穿着牛仔服、网球裙、运动衣、休闲服进入办公场所和社交场地，都是与环境不匹配的。在严肃的工作场合穿着随意的休闲服，或者在运动场上穿一身笔挺的西装，搭配皮鞋，可能会引起人们的疑惑、厌恶甚至反感，交往空间距离与心理距离被拉大
场合原则	不同的场合有不同的穿着要求，只有与特定场合的气氛相一致、相融合的服饰，才能产生和谐的效果，实现人衣相融的最佳效果。例如，参加正式会议、庆典仪式、商务或外事谈判等隆重的活动，服饰应当力求庄重、典雅，凡是请柬上规定穿礼服的，应尊重此种规定。在正式场合，一般不宜穿夹克衫、牛仔裤等便装，更不应穿背心。女子不宜赤脚穿凉鞋，可以考虑穿长丝袜等

同时，还要使着装与个人形象相协调，关注细节并根据舒适度选择让你充满自信的着装。这样，将能够在职场中通过着装，展现出众的表达力和影响力。记住，外在形象是展现内在素质的一种方式。

二、穿着藏着对生活的理解

着装除了遵循TPO原则，还需要考虑通过服装面料的颜色、类型和质地等来展现自我形象和个性。正确的着装可以让彼此舒适，与环境和谐统一，同时还能增加别人对你的尊重。

色：服装的颜色可以传递情感和营造氛围。不同的颜色在心理上可以引发不同的情感和情绪。例如，红色常常被视为充满活力和激情的颜色，黑色代表力量和神秘，蓝色常常与平静和冷静相关联。除此之外，还要考虑服装色调与肤色的协调性。

型：服装的类型和风格可以表达个性和价值观。不同的服装类型和风格代表着不同的个人气质和偏好。例如，一套正式的商务服装会展现专业和自信的形象，而休闲服装表达的则是轻松和随意的风格。

质：服装的质地和细节也是表达个性的重要元素。质地可以影响服装的外观和触感，从而传达出不同的个人特质和风格。例如，丝绸材质的服装常常会让人感到优雅和高贵，棉质服装则更加舒适和休闲。

服装的色、型、质与个人表达密切相关。人们通过选择适合自己的颜色、类型和质地来展示自己的个性、情感和价值观。服装不仅是一种实用的装饰物，更是一种自我表达和社交工具。

三、关注着装细节

细节能够彰显专业和严谨。记住，职场中，细节常常成为他人对你印象好坏的关键因素。例如鞋子、配件和化妆品的选择，以及如何通过它们展现自己的个性和品位。

在竞争激烈的职场中，合适的着装可以帮助你与他人建立信任、展现专业形象，提升个人竞争力。如果你想与他人有效沟通和建立良好人际关系，穿着得体、整洁的服装不仅能增强自信心，还能让你更轻松地表达自己。相反，如果在交流中过于邋遢、不注重外表，可能会给他人留下不专业或轻视对方的印象。

如果希望能够有更多"被看见"的机会，在选择服装之前，一定要先去了解自己的个人风格和气质特点。这里给大家一个小小的建议，日常不妨多学一点美学知识，只有了解自己的身材特点和肤色才能"对症下药"。如果你是梨形身材，建议你去买阔腿裤和A字裙，因为可以扬长避短；如果你是H形身材，职业套装更能展现你的个人风采。

通过颜色、类型和质地之间的对比，可以在整体造型中产生更亮眼的效果。例如，无论是深色上衣搭配浅色裤子或裙子，还是细腻的丝绸搭配粗糙的皮革，都可以营造出强烈的对比效果。这种对比能够吸引眼球，使人们更容易注意到你的服装和整体形象。

场合着装不仅是为了追求外在的美感，更是为了提升自身的表达力和影响力。通过了解场合要求、注重着装与个人形象的协调、关注细节并根据舒适度和自信心选择着装，你将在职场中穿得好看、不出错，从而塑造自己的正面形象。

你的外在决定别人是否愿意进一步靠近你，了解你丰富的内在。讲究穿搭实际是在表达一种人生态度，更是塑造一张个人形象的活名片。塑造一个内有力量、外有修养的更自信的自己，由内而外散发出真正强大的能量。

通过正确的着装，我们可以表现对他人文化和礼仪的尊重，也可以凸显个人的品位和风格。无论何时何地，合适的着装都是向他人传递积极信息和树立良好形象的重要手段。所以让我们关注细节、灵活运用着装原则，打造一个在社交场合脱颖而出的成功表达者。

职场人士着装小贴士：

（1）穿西装时要保持鞋子、腰带、皮包这三个地方色系一致；

（2）切记撕掉袖口处的商标；

（3）正式场合外套的内搭只能是衬衫，毛衣和T恤都不可以；

（4）选择与服装相匹配的鞋子，确保鞋子整洁，与着装风格一致；

（5）保持服装的整洁是非常重要的，确保衣物没有褶皱、污渍或磨损。

如果你是商务男士：

（1）建议选择保守、庄重的服饰，永远不要因为追求时尚而显得格格不入或滑稽，也可以选择合适的领带、腰带和手表；

（2）男士选择袜子，切忌突兀，比如选择色彩丰富的袜子或是白袜子，一般深色西装要搭黑色长袜。

如果你是职场女士：

（1）饰品建议以珍珠饰品为主，出错概率小还能彰显女性高贵优雅的气质；

（2）女性可以选择合适的项链、手链和耳饰，要确保所有的饰品风格和颜色统一；

（3）白衬衣加上一条小丝巾，也可以为你的职场增添一抹灵动和魅力。

05　避开表达雷区，化身沟通达人

"角色，取决于环境。"

聊天时，总会有一些"聊天终结者"，他们会说一些让人尴尬的话，气氛瞬间冷却，而自己却很可能没有意识到。人们常说"祸从口出"，有时在不经意间说出得罪他人的话却毫不知情。为了确保沟通的高效，我们需要避开一些表达的雷区，以免无意中伤害他人。以下这些需要特别注意，可以帮助你成为一个更好的沟通者。

雷区一：盲目评价他人

在与他人沟通时，常常根据一次对话或某个行为对对方进行总结性的盲目评价。然而，这种盲目评价往往不客观且片面，可能影响我们对对方的真实认知。

应认识到每个人都有自己独特的个性和成长背景，不能仅凭一次对话或一个行为就对其进行全面评价。相反，应以更客观和全面的方式来观察和理解对方。

评价他人并不意味着高高在上地拥有评判权。友好的相处建立在平等和尊重的基础上，没有谁比别人更优越。应以平等的心态与他人对话，相互尊重彼此的观点和感受。

如果不得不对他人进行评价，应避免使用抽象和模糊的语言。应基于对方的具体行为，给出客观、公正的评价。例如，可以评价对方在某个具体项目中表现出的专业素养、团队合作能力或解决问题的能力等。

雷区二：过多说教

尽量避免给别人过多的指导或建议，除非对方明确寻求你的帮助或意见。即使在提供帮助时，也应以尊重对方的方式进行，而不能显得傲慢或高高在上。

在生活中，经常会遇到那些好为人师的人。他们似乎总是渴望给别人提供指导，不管对方是否真正需要。或许这种行为出于好意，希望能帮助他人解决问题，但有时也会显得有些唐突和狂妄，会让别人感到不舒服或不自在。尽管出于善意，但过度说教往往并不是一种有效的交流方式。

适当的建议和指导无疑是有价值的，特别是当别人明确寻求帮助或意见时。然而，要成为一个真正尊重他人、善于倾听和理解别人需求的人，我们应避免过度说教，而是学会在适当的时候提供支持和帮助。最重要的是，我们要尊重每个人的个人空间和自主权，让其自己作出决定和解决问题，而不是把自己的意见强加给别人。

雷区三：不尊重他人

不应把自己的意愿强加给他人，每个人都有自己的选择和决策权。尊重他们的决定，即使你不同意也应尝试理解他们的观点，寻求共同认可的解决方案。

比如，你在工作中，和同事就一个项目的方向产生了争论。你心里其实很希望这个项目朝A方案发展，但你的同事们似乎更倾向于B方案。

你可能会直截了当地说："我觉得我们一定要选A方案，A方案绝对是最正确的选择！如果用B方案肯定会失败的！"甚至你还可能会非常坚持自己的观点，不给别人反驳的余地。

这样表达就相当于把你的意愿强加给别人。虽然你可能是出于对项目的热爱和追求卓越而这样表达，但强行输出自己的观点，可能会让同事感到被压迫或被忽视。

为了避免这种情况，你可以尝试换个口吻，比如说："A方案听起来是个不错的选择，因为它有这些优势……但是B方案也有它的优势，比如……我们能不能再深入讨论一下两个方案，看看怎样能把它们的优势结合起来？"

这样一来，你就给了其他人更多的空间来表达自己的观点，也表现出你愿意尊重他们的决定。一起寻找共同的解决方案，相信团队的智慧会带来更好的结果。是不是职场上这样沟通更容易被接受呢？

雷区四：忘记倾听

沟通是相互交流的过程，而在现实生活中，常常遇到那些只想自己表现、自我吹嘘，完全忽略了对方的反应和感受的人。如果旁若无人地表达，就像在进行一场"独角戏"，这种沟通方式缺乏互动性。

真正有效的沟通，应该是倾听对方，需要我们关注对方的感受，同时给出积极的回应。懂得倾听不仅是一种素养，也是一种交流技巧，能让我们更聚焦于对方的观点，精准把握对方的心理状态，做到有的放矢。只有在相互尊重和理解的基础上，才能实现真正有意义的交流。

雷区五：逻辑不清

在沟通中，准确表达至关重要。如果不能清晰地表达，可能会使他人困惑，甚至可能失去一次深入交流的机会。因此，应当注意表达的逻辑和连贯性，避免东拉西扯、前后矛盾。

很多人之所以在表达时缺乏逻辑，是因为嘴巴常常比脑子快。在没有充分思考之前，就匆忙开口，结果"说出去的话，泼出去的水"，事后常常后悔不已而无法挽救。

为了避免这种情况，需要给自己留出足够的时间来思考和组织语言。在表达之前，认真思考并整理自己的想法，确保信息传达清晰准确。同时，要注意言之有物、言之有序，避免在表达过程中思维跳跃、离题或自相矛盾。

雷区六：中伤他人

避免使用冒犯性的语言、讽刺或嘲笑他人。这可能会伤害对方的感情，破坏彼此之间的关系，甚至引发争吵。要维护他人的尊严，尊重他人的情感，保持善意。

言辞的影响力不可忽视，一句冒犯性的话语可能会在对方心中留下深深的创伤。每个人都有自己的敏感点和脆弱之处，不经意间的讥讽或嘲笑可能会触及对方的痛处，导致对方产生抵触情绪或伤感。

要慎重措辞，避免伤人，以尊重和体谅为出发点，用善意和温和的语言来表达自己的观点。当用尖刻的语言去评判或攻击对方时，对方可能会感到不被理解和尊重，从而使沟通变得困难甚至终止。建立稳固的人际关系需要彼此之间的信任和包容，而冒犯性的言辞却会破坏这种信任，让关系变得脆弱。

要想保持友好和善意的态度，可以多关注他人的感受，设身处地为对方着想。如果发现自己的话语可能会冒犯到他人，不妨换个方式表达观点，采用更加中立和包容的措辞。而在交流中遇到不同意见时，也要学会平和地讨论，尊重对方的观点，寻找共识而非对立。

雷区七：习惯性反驳

没有人喜欢经常性被质疑、被反驳，但是总有人无论别人说什么，都要习惯性地反驳。慢慢主动找他交流的人变得越来越少，即使聊天，最后也有可能不欢而散。始终想要在语言上胜过别人，不仅难以达成更友好的关系，还容易成为你人际交往的"定时炸弹"。

过度使用否定词语（如"不""不能""错误"等）给人一种批评或责备的感觉。所以，要尽量使用积极的措辞，鼓励和支持他人，而不只是关注问题和错误。

雷区八：不尊重他人的隐私

与他人沟通时，要尊重他们的个人空间和隐私。不要过度侵入对方的私人领域，不踏入他们的边界，尊重他们的个人选择。尊重文化差异，在跨文化的沟通中，要尊重和理解不同文化的习惯和价值观。避免贬低他人的文化背景，学会包容和接纳不同的观点和做法。

雷区九：过于直接的言辞

在表达自己的观点时，注意措辞，避免过于冲动或直接。尽量使用温和、尊重和理性的语气，以促进有效沟通和互相理解。

另外，还应澄清和确认。在沟通过程中，经常澄清和确认你对对方的理解是否准确。避免误解和假设，确保自己理解对方的意图和观点，尽量避免偏见和偏执的看法。

雷区十：非语言表达不当

沟通不仅是通过语言进行的，还包括非语言元素，如肢体语言、面部表情和声音语调。要注意自己的姿态、表情和语气，确保它们与你的言辞相一致，传递出正确的信息和情感。

没有什么天生会说话的人，只不过他更愿意坚持学习。良好的沟通建立在尊重、理解和关心的基础上。通过倾听和高质量的表达，你可以避开大多数沟通中的雷区，成为一个更成熟的沟通者。

小贴士：

任何时候，都要有"知止之明"，明确自己所处的位置。切记，角色在于所处！

第三章

表达有招数，练习有技巧

01 三种框架思维，突出表达结构

"一个好的思维表达框架就像一张思维地图，帮助我们在思考的迷宫中找到方向。"

现实生活中，经常需要表达和沟通。无论是在工作场合还是日常社交中，都需要用清晰、准确的语言将自己的想法传达给他人。然而，有时候我们的表达可能会显得杂乱无章，让人难以理解和接受。为了提高表达的准确性、清晰度和生动性，我们可以运用框架思维。

框架思维可以让你的表达条理清晰，用框架思维给你的话搭建"组织架构"，这种表达方式能够协助我们更有效地表达观点，使思路更为清晰，提高听众的理解和接受能力。掌握框架思维方法可以让你的表达更加清晰、有条理，让沟通更加顺畅。

在这一小节中，将介绍三种常用的框架思维，通过实际生活中的案例来阐述它们如何应用。

一、"问题—解决方案"框架

"问题—解决方案"框架是一种非常实用的表达方式，引出问题或困惑之后，提供解决方案或建议。这种框架在工作和生活中都发挥着重要作用，特别是在演讲、写作或团队讨论时的作用更明显。通过此种框架，可以清晰地表达问题，有针对性地提供解决方案，使得沟通更加高效和有说服力。

在工作环境中，"问题—解决方案"框架经常被用于团队会议和项目讨论。假如你是项目团队的领导，面临着项目进度拖延的问题，可以运用该框架来表达你的想法。

"问题—解决方案"框架示例：

问题：在项目推进的过程中遇到了瓶颈，导致进度拖延，怎么办？

解决方案：针对这个问题，提出以下解决方案。

（1）重新评估任务分配：可以重新审查项目中各个任务的分派，确保每个团队成员都在完成能充分发挥其技能和资源的任务，这有助于提高效率和质量。

（2）增加沟通频率：增加每周团队会议的频率，以便更及时地识别和解决潜在问题。这也可以促进团队协作和信息共享。

（3）制定详细的时间表：可以创建一个详细的项目时间表，将任务和截止日期明确列出，以确保每个人都清楚自己的工作时间表，有足够的时间来减少延误。

（4）风险管理：应该积极控制项目的风险，识别可能导致延误的潜在问题，制订预防和应对计划。

（5）资源调整：考虑是否需要重新分配资源，以满足项目的需求，包括人力、技术和资金。

利用这种"问题—解决方案"框架，清晰地找出了项目进度延误的问题，提供了一系列可行的解决方案。这使得团队成员更容易意识到问题的严重性，共同参与到解决问题的过程中，提高了解决问题的效率和成功的可能性。

在生活中，该框架同样适用。比如，在与家人或朋友沟通时，可以运用该框架来有效表达自己的观点。

举例来说，当与家人或朋友沟通时，可以运用以下方式来明确表达自己的观点，提供详细的解决方案。

问题：在家务分配上经常产生矛盾，这影响了家庭和谐。如何进行家庭任务分工？

解决方案：建议采用以下措施来解决这个问题。

（1）家务分工计划：可以共同制订一个家务分工计划，明确列出每个人的责任和任务，以及完成任务的频率和时间要求。这将有助于消除不确定性和冲突。

（2）任务轮换：可以定期轮换任务，确保每个家庭成员都有机会承担不同的家务工作。这不仅有助于公平分工，还能培养家庭成员的多样化技能。

（3）家庭会议：可以每周或每月举行家庭会议，讨论家庭事务和成员的需求。这为每个人提供了一个表达意见和提供建议的机会，以便更好地满足家庭需求。

（4）奖励制度：可以考虑增加奖励机制，鼓励每个人履行其家务职责。比如，可以是小小的奖励或者一次家庭活动，以激励大家积极参与。

通过运用该框架，可以明确家庭中的问题，同时提供了一系列详细的解决方案，从而让家人更容易理解你的观点，共同参与问题的解决，促进了家庭成员之间的合作和互谅。这个框架能够帮助你更有条理地解决问题，适用于工作生活的各个方面。

总结来说，"问题—解决方案"框架是一种非常实用的表达方式，通过引出问题并提供解决方案，使得沟通更加清晰、高效和有说服力。通过这种框架思维，我们能够更有效地与他人交流，解决问题。

二、"因果—效应"框架

"因果—效应"框架是另一种常用的表达方式，它用于说明事物之间的因果关系。就像发现秘密的钥匙，这种框架思维有助于加强论证的逻辑性，使表达更有说服力。

下面通过一个"因果—效应"框架的例子来更详细地理解。

因果：经常不吃早餐和依赖快餐，导致了营养不均衡。

效应：这种不规律的饮食习惯会逐渐导致体力下降，免疫力减弱，使人更容易感冒和生病。

在这个案例中，可以看到，错误的饮食选择和不健康的饮食习惯直接导致了身体健康状况的下降，比如免疫系统防御能力减弱，从而增加了感冒和生病的风险。

这种"因果—效应"框架有助于清晰地阐述事物之间的关系，强调原因和结果之间的联系。它可用于多种情境，从健康生活到社会问题，帮助人们更清晰地理解各种复杂的关联。

例如，当谈到社交媒体对我们的影响时，可以运用"因果—效应"框架来更详细地说明。

因果：社交媒体的广泛存在使消息传播变得非常迅速，信息几乎无处不在。

效应：假消息和谣言大量传播，导致了人们对信息的真实性产生疑虑，部分人心态容易变得焦虑和紧张。

综上，正是因为社交媒体的大量存在，可以快速获取信息，但也同时出现了信息可信度的问题，引发了其他一系列的问题。

总之，这个框架思维能让表达逻辑更清晰、说服力更强，让言语更有分寸、更有分量。不妨在日常生活中运用好这个框架，把话说得清清楚楚，把问题解决得明明白白。

三、时间顺序框架

日常生活中，经常要阐述自己的想法、经历或故事。然而，如果没有一个严谨的结构，表达可能会变得混乱、不连贯。而时间顺序框架就是一个解决这个问题的有效工具。

时间顺序框架是一种按照时间先后顺序来组织信息的方式，它可以帮助我们将经历、事件的发展过程清晰地展现出来，使听众能够更好地理解和接受我们的表达。可以从过去到现在，或者从现在到未来有序地展现事物发展的轨迹，确保信息的呈现更加直观。

假设你想向朋友们分享一段难忘的旅行经历，不妨用时间顺序框架来呈现。你可以说：第一天来到目的地，参观了当地的著名景点，品尝了当地美食；第二天前往附近的自然保护区，近距离接触大自然……第五天结束了这次美妙的旅程。通过运用时间顺序框架，能够清晰地描述旅行的经过，使朋友们能够身临其境般感受你的旅行经历。

除了旅行经历，时间顺序框架在描述工作经验等方面也同样适用。例如，在面试中被要求描述自身的职业经历，可以用时间顺序框架来展示。

刚毕业： 加入一家初创公司，担任市场营销助理，负责推广活动和社交媒体管理。

两年后： 积累了丰富的工作经验，由于工作成绩优异，升任市场营销经理，负责制定营销方案和管理团队。

五年后： 成功策划了多个营销活动，不仅提高了品牌知名度，还实现了显著的业绩增长。

十年后： 加入一家跨国公司，担任市场总监，负责某地区市场战略和团队管理。

由此可见，通过运用时间顺序框架，清晰地展示了你的职业发展之路，让面试官对你的工作经验和成就印象更加深刻。

总之，时间顺序框架是一个强大的工具，它能够帮助我们在表达时有条不紊，更加清晰、准确和生动。无论是分享旅行经历，还是介绍工作经验，掌握时间顺序框架将使你的表达更具结构性、更吸引人，与他人的交流更加愉悦和有效。

总的来说，这三种框架思维各有优势和特点。

"问题—解决方案"框架是个"救火队长"，通过这个框架，可以清楚地提出问题，直接呈现解决方案。比如，在工作中，面对项目瓶颈，可以利用这个框架提出问题并提供解决方案。

"因果—效应"框架是个"推理大师"，能够让观点更有逻辑性。通过展示事物间的因果关系，可以更有说服力地表达观点。比如，在对社会问题的分析中，可以运用"因果—效应"框架来说明某种行为的结果。这让观点更明确，更有说服力。

时间顺序框架是个"记忆保存者"，能够将经历娓娓道来。通过按照时间顺序组织信息，可以让听众感受到发展进程。比如，在分享旅行经历时，用时间顺序框架将旅程串联起来，让听众仿佛身临其境。

无论是在工作还是生活中，掌握这三种框架思维都是加分项。它们能够让表达更有逻辑性、结构性，让人更容易理解和接受表达者的观点。这三种表达框架在不同情境下都可以使用，取决于表达者希望传达的信息和不同情境的需求。

> **小贴士：**
>
> 上述三种表达框架运用小技巧：
>
> "问题—解决方案"框架：适用于解决问题、提出建议、规划行动等情境。可以在工作场合中用于提出业务问题并提供解决方案，也可用于日常生活中解决家庭或个人问题。在团队会议或项目讨论中，用于引出问题并提供解决方案。
>
> "因果—效应"框架：适用于解释事物之间的因果关系，以及行为或事件的影响和结果。可以用于分析复杂问题，帮助他人理解原因和结果之间的联系。在演讲、报告或文章中，用于阐述某一事件或决策的原因和影响。
>
> 时间顺序框架：适用于按时间顺序叙述事件、经历、计划或进程。用于分享个人经历、项目进展、历史事件等，使叙述更具连贯性，也可用于职业发展规划、项目管理报告等。

02　掌握万能模型，明确表达重点

"重点是一场表达的灵魂，主导着表达者的方向，决定着表达的效果。"

你是否有过这样的经历：别人表述了很多你却不知道他在说什么，又或者你想传达的信息对方怎么也接收不到。这是为什么？根源就在于你没说清重点。

成功的表达有一个共同之处就是它们都明确地传递了一种思想、一个有讨论价值的重点，让人有兴趣听下去。回想一下你曾经听过的、能给你留下深刻印象的表述，一定是向听众传达了一个清晰的观点，这个观点可能与孝顺有关，可能与努力有关，可能与爱情有关，但无论是什么样的，它就像一颗种子，种进了你的脑海。

事实上，人们几乎每天都在进行着沟通与交流，真正能够有效表达观点的人却不多。有的人甚至可能根本就没有明确的观点，想到什么就讲什么，甚至可能说完了就忘记自己说过什么；有的表达者有自己的观点，但不知道如何更好地传递给听众，同样让人云里雾里。

如果你也有这样的烦恼，可以尝试用"PBF模型"解决。"PBF"是由清晰（precision）、简洁（brevity）和重点（focus）三个单词首字母组成。这个模型将帮助我们在表达中避免重复，突出重点，让表达更有力量。

一、清晰（precision）

在表达之前，需要问自己一个问题：希望通过这次表达让听众了解什么？希望听众理解的核心内容即是表达焦点，它是独特的，是自己的价值主张。那么如何让你要表达的观点变得清晰明了呢？完成下面两个测试，通过测试就会体会到"清晰"这一要点。

第一步，精确性测试。精确性测试用于判断你认为的焦点是否真正是一个观点。具体方法是将选定的焦点放在"我认为"之后，看它是否能够成为一个完整的句子。

举例来说，"努力学习"和"努力学习对人生的意义"是否可以当作观点呢？测试一下，分别将它们放在"我认为"之后，变成"我认为努力学习"和"我认为努力学习对人生的意义"。

通过这样的测试，就会发现"努力学习"和"努力学习对人生的意义"并不能成为焦点，而只是属于话题。将它们修改一下："我认为努力学习是实现人生目标的唯一选择""我认为努力学习是人生中不可或缺的一部分"。现在是不是更准确地表达了焦点呢？

第二步，具体性测试。你是否经常听到这样的表述："A方案很好""项目推进太慢"等。这样的表述过于空洞，很难在他人心中留下深刻的印象，就像当你准备练习与人沟通时，别人说的"你是最棒的，加油"，这样的话并没有实际意义。如果告诉你"沟通时要使用3P模型"，则会觉得颇受启发，因为这里提供了一个具体的建议。

如何测试具体性呢？可以在提出焦点后再问一个"为什么"，然后回答这个问题。比如，"A方案很好"，再问自己"为什么"，答案可能是"因为A方案可以为公司节省30万元的成本"。然后将这两句话合并成一个完整的句子，形成最终的观点"A方案很好，可以为公司节省30万元的成本"。

通过这些测试，表达者能够确保表达焦点是准确而具体的。这将帮助表达者表达更加清晰、有力，确保能够把观点传达给听众。

二、简洁（brevity）

精炼观点依靠你的思维能力，而思维能力可以通过训练提高。斯坦福大学教授彼得·迈尔斯分享了他的一段经历：他儿子读高三时突然决定不上大学，彼得·迈尔斯反对。他知道自己可以列举出二十五个充分的理由，但他清楚，儿子可能没有耐心听那么多理由。

那么，彼得·迈尔斯该如何表达观点并让儿子接受呢？这就运用到第二个要点——简洁。

彼得·迈尔斯将自己的观点与儿子的需求相结合，提炼出观点：如果想成为音乐人，首先要学习谱曲。他将这一观点作为沟通重点，最终儿子改变了主意，同意继续上学。

那么如何精炼观点呢？有一个有效的训练方法，可以提升观点的精炼程度。

这个方法就是自问自答法。通过训练，你的反应、表达、即兴和逻辑能力都将提升。具体做法是每天问自己一个问题，然后想三个回答要点，再比较这三个要点，最终提炼出最佳观点，以达到简洁表达的训练目标。无论是问题还是回答，都要说出声来。问题可以是多种多样的，例如：如何提升学习效率？如何提高工作效率？问题不限种类，关键在于激发大脑思考。

刚开始练习时，可能不太容易想出问题。不妨从这些角度切入：工作、生活、学习、健康、时间管理、人际关系等。顺着这些方向，可以轻松找到问题。另外，还可以从每天的热点话题中找问题。在练习初期，回答可能会简单，只有两三句，随着练习的深入，观点会变得越来越有深度，内容也会更加丰富。这是精炼表达的起点，坚持练习，进步的速度会更快、更明显。

三、重点（focus）

有句俗语叫：一句话能把人说笑，一句话能把人说跳。要实现这样的说话效果，必须言之有物，把话说到点子上。如今，社会节奏越来越快，人们没精力听漫不经心、东拉西扯的话。要使交谈愉快高效，必须抓住核心和重点，言之有物，才能确保交流的顺畅。

想要做到这一点，可以运用以下几个技巧：

1. 巧用金字塔原理，让结论先行

金字塔原理是一种高效的思考和表达方法，首先提出中心思想，然后逐步展开分析，以清晰有条理的方式呈现信息。遵循自上而下的表达和自下而上的思考步骤，能使表达更加精确，逻辑更加严谨。

（1）自上而下表达的步骤

明确主要观点：首先明确想要表达的关键信息。

设想疑惑：想象他人可能有的问题和疑惑。

逐一解答：对可能的问题逐个解答并提供详细的补充信息。

整理分类：将相关内容按照类别进行整理，形成清晰的结构。

（2）自下而上思考的步骤

初步了解：先搜集相关信息，初步了解整体情况。

深入了解：进一步深入研究各个方面的细节和背景。

全面探索：确保信息全面，没有遗漏，同时满足互不重叠、完全穷尽的原则。

总结归纳：将所有信息综合起来，形成简明扼要的结论。

以下是一份工作后的感悟，看起来似乎有些混乱：

"过去，我一直认为自己自律优秀。我期待毕业，期待走出校园。我认为我能够在事业中，不陷入争抢、爱慕虚荣的深渊，可以做到不忘初心。然而工作之后，最大的收获是认清事实，意识到踏入社会后，没有无争无抢的生活。过去自己认为的不忘初心，其实是一种自我逃避。真正的不忘初心是看过了这个社会，经历苦难，看淡争抢之后，还能记着最初自己追求的是什么。"

这段话由于逻辑性不强，读起来让人印象不深。如何让它起死回生？利用上面说的两个步骤来修改一下，看看会是什么效果。

修改后的总结：

"过去的一段时间里，我自信地认为自己表现出色。当我即将迈入职场时，我对未来充满期待。我相信自己可以在职业生涯中保持初心，不被争夺和虚荣所困扰。然而，这次工作后，我获得了深刻的感悟。

"我最大的收获在于重新认识了自己。在社会中的经历让我明白，现实并非如我所想，是一片无争无抢的净土。我意识到过去我对不忘初心的理解可能是一种自我逃避，是对社会的理想化幻想。真正的不忘初心并非仅仅停留在心中，而是在经历了社会的考验、承受了磨难之后，依然能够坚守最初追求的信念。

"因此，我认识到不忘初心并不是一蹴而就的事情，而是一个经历、体会和坚守的过程。这次工作经历教会我，要真正不忘初心，需要在经历世俗风雨的洗礼后，依然保持对初衷的深刻记忆。这是一个逐渐成熟、逐步领悟的过程，需要我在不断的实践中去践行。"

重新整理的这段文字，更清晰地传达出经历和感悟。从自上而下的表达这个角度来看，首先明确了观点，然后自下而上地展开，分析了过去的认知和经历，最后得出了"重新认识不忘初心"这个结论。这样的表达更具逻辑性和连贯性，也更容易被听者所理解和接受。

2. 利用"黄金三点论"，突出说话重点

将想说的话分成三个重点，即运用"黄金三点论"，使对方更易理解你的意图。比如以"三点一线"——宿舍、食堂、教室描述学生的生活，时间段以过去、现在、未来划分，以开始、过程、结尾叙述事情的始末……再比如公司要举办一个演讲比赛，该如何向领导报告呢？可以描述这些：事前策划阶段完成的任务、事中执行阶段完成的任务、事后总结阶段完成的任务，这样整个流程可以讲得一清二楚。

又或者有客户对公司的产品质量不满意，那怎么向领导汇报？同样可以售前、售中和售后来描述，比如售前的情况是什么样的，售中的经过是什么，售后可以怎样善后等。这让领导听了感觉很有条理，思路也不会混乱。

3. 听懂弦外之音，抓住关键点

擅长倾听并给予社交朋友更多表达意见的权利至关重要。透过捕捉朋友言辞中的关键信息，能够更精准地理解其真实意图和想法，从而避免误解。

以下这个例子展示了如何应用这种能力来实现更精准的交流。

情境：一次聚会上，朋友艾丽诉说她的烦恼"最近工作让人疲惫"。

常规回应："是吗？或许你需要休息一下。"

抓住关键信息和强调重点地回应："艾丽，你说最近的工作让你感到很疲惫。你能跟我分享一下，是什么方面的工作让你感到疲惫吗？也许我们可以一起想想有哪些方法来减轻你的工作压力，让你的生活更加舒适。"

在这个例子中，可以抓住艾丽话语中的关键信息"工作疲惫"并通过关注她的感受和探讨如何减轻工作压力来回应她的烦恼。这不仅体现了愿意倾听和关心，还能够引导对话，深入了解她的情况，为她提供更有针对性的建议和支持。

通过这种方式，不仅避免了误会，还能够更好地理解朋友的心情和需求，这有助于在社交中建立更深入、更有意义的关系。通过不断练习和实践，可以逐渐提高抓住关键信息和强调重点的能力，使社交交流更加精准、有效。

4．准确表达，避免误会

那么，应该如何明确、精准地表达自己的意图呢？

一方面，需要尽可能地保留主语和关键词，采用让对方易于理解的语言或措辞，避免使用对方听不懂的方言或晦涩的词汇。

另一方面，在与他人交流时，常常使用代词，而忽略了明确的主语，比如用"这件事"或"那个东西"指代。这种缺乏明确主语的表述方式在职场中是不可取的。

缺乏明确主语容易引发误会。例如，领导问你："测试做完了吗？"你手上有两个测试，而你回答"已经做完一个"。实际上，领导想要确认两个测试是否都完成了，由于主语不明确，你和领导之间产生了误解。因此，在汇报或向他人确认某件事时，务必确保主语具体明了。

因此，作为下属，当领导问你是否完成测试时，你可以回答："第一个软件测试已经完成。"而作为领导，你可以这样询问下属："昨天分配给你的两个测试是否已经全部完成？"这样可以更加明晰。

无论是在日常对话中还是在重要演讲中，PBF模型都是一个实用的工具，可以帮助我们提高表达的质量和效果。通过清晰地表达重点，我们的信息更容易被理解和接受。这不仅使我们的交流更加高效，也提高了我们的影响力。

因此，不论你是想在职场上脱颖而出，还是希望在生活中更好地与他人沟通，记住PBF模型，它会让你的表达更加清晰、简洁、重点鲜明。

思考：

_____

_____

_____

03　巧用类比和数字，让表达更直观

"类比乃是思维的核心。"——侯世达

如何向小孩子解释银河系是什么，以及如何形容其中的星星密度有多大？如果一个小孩子问你这个问题，直接告诉他银河系包含1000亿到4000亿颗恒星，可能会让他感到困惑和不解。

对于小孩子，可以用更简单易懂的方式来解释。可以告诉他，银河系就像一个巨大的"星星家族"，里面住着非常多的星星，就像家里有很多人一样。而星星密度，就像是夜空布满了闪闪发光的小灯泡，每一颗星星都像个小灯泡一样闪烁着。

如果他还是不理解，可以用比喻的方式告诉他，银河系的星星密度相当于把无数颗闪闪发光的小灯泡放在一个超级大的袋子里，让他想象一下看到这么多小灯泡闪烁的壮观场景。

在生活中，经常需要说服他人接受自己的观点或支持自己的想法。无论是在工作场合、学校环境还是日常社交中，说服是一种重要的沟通技巧。那如何才能有效说服？

在与人交流中，很多时候缺少类比和数字的思维，没有这种思维，你对宇宙和星星的描述就局限在大和多的层面上，缺少了表达的强度和感染力。缺少类比的思维和能力，往往会让数据显得空洞而抽象。

用数字思维去描述一件事物，对理解能力有一定的要求，甚至在自己本身便缺乏这一领域知识的情况下，以难以理解的陌生领域的理论说服别人，无法释放语言真正的能量。**而唯有打出数字化与可视化的组合拳，才能真正发挥数字的力量，降低受众的认知难度，将表述控制在你熟悉的领域，让表达更具说服力。**

这一小节将带你打破过往的表达习惯，让你学会用类比与数字思维将未知变为已知，将抽象的概念变得更具体、更形象，从而让对方更易于理解，让你的表达更具说服力。

在使用工具之前，需要通过说明书对其基础性能和使用方法有一个简单的了解。而在讲运用之前，也需要对类比与数字思维这两个工具进行初步的认识。

类比是一种有效的表达技巧，通过将陌生的概念与熟悉的事物相比较，使复杂的概念更易于被理解和接受。类比是一座连接两岸的桥梁，让观众降低认知难度，理解和认同表达者的观点。

　　类比能力与洞察力有关，在日常表达中，之所以不能很好地使用类比这一语言技术，往往是因为缺乏抓住事物本质的能力。当我们对一个领域、一件事物陌生时，往往会认为它很难用简单的语言去描述，而当我们真正熟悉这一事物，并对其进行深入分析之后，便可以从其本质入手，用精妙的比喻来概述复杂的问题。

　　数字思维，在生活中并不少见，在对事物的大小、密度、数量进行具体的定义和描述时，只进行抽象定义往往会让接受信息的一方失去对于量的具体认识。对于一个人，可以这样描述：他有很多财富。而他具体有多少财富，听众却无法从一个"多"字中了解，如果换一种说法：他的个人资产有300多亿元，加上数字的点缀之后，听众才能真正了解到此处的"多"，才能真正感受到其财富的分量。

　　在此基础上，还可以运用可视化的方法，在运用数字化思维表达的基础上，加入类比思维，实现两者的结合，可以将他的财富用日常生活中更为常见的方法衡量：如果每天中100万元的彩票，要中90年才能有这么多的财富。如此一来，对方深刻理解了此人财富的"多"。

　　明白了类比与数字思维到底是什么，接下来学习如何掌握这样的思维方式，从而更快抓住事物的关键，深入浅出地分析并解决问题，从而让自己的话语更具说服力。下面是几点经验，希望能够对读者有一定的帮助。

一、抓住事物的相似性

类比是一种思维和表达的方式，在生活中，往往可以通过类比理解一些未知的问题，因此，我们把类比视为一座从已知跨越到未知的桥梁，而在类比的过程中，我们所要做的关键，便是要寻找类比的两种事物的相似性。

类比的思维方式是以相似性为基础的。一个学摄影的人向听众传授一些摄影常识，比如，摄影的核心技术便在于对光的把控，而光圈的大小与快门的速度又存在着密切的联系，光圈越大，快门的速度就越快；光圈越小，快门的速度就越慢。

对于这句话，可能难以理解，但他用类比的方法解释了这一理论：同样接满一桶水，水管粗，水流就快；水管细，水流就慢。听众一下子就理解了这个陌生的摄影知识。

用一桶水类比正常的曝光量，用水管类比光圈，用水流速度类比快门速度，这体现了类比的优势，即通过结构的相似性，将问题置于对方熟悉的领域，从而让原本专业、抽象的知识一下子变得形象、易懂。

除了专业领域，在日常生活中，也使用类比思维。在感慨时间的重要性时，可以选择引用名言，也可以从逻辑出发进行论述，除此之外，还有一个最为简单直接的方式——类比。

时间，对我们而言是重要的资源，是有限和珍贵的，除此之外，金钱对于我们而言，同样是具有价值的事物，因而有"时间就是金钱""时间就是生命"等话语，虽然"简单粗暴"，却让人一下子就理解这句话所要传达的思想。

此外，将"人生"类比为"茶"，将"地球"类比为"母亲"，将"星星"类比为"眼睛"等，通过简单的类比充分展现这些抽象的或无法触及的事物的特性，正是类比的魅力所在，这会让人眼前一亮，接受你的观点。

二、增加知识储备

对于任何一种语言，一定的知识储备都是必备的要素之一，而类比和数字化思维尤其需要。有的人不使用类比的方式可能不仅是对方法理解不到位，更多可能是因为无法找到合适的类比对象，上文提到的相似性，往往需要一定的知识储备。在知识储备的过程中，要注意提高知识面的深度和广度，丰富的知识往往有着很好地促进和辅助类比方式使用的作用。

而数字化思维，则是通过数字向大家展示一个事物的特点，这需要一定的数学能力和对数字知识的积累，在将数字化思维运用于语言沟通时，往往需要大脑对将要用到的数据筛选并换算，这也是对个人数学思维能力的考验。

三、培养抽象思维

我们需要有一个清晰的目标，才能将抽象的、不熟悉的事物与我们所熟悉的事物联系起来。

东汉末年，有这样一个故事：

吕布被抓后，曹操对是否要处死吕布犹豫不决，于是询问刘备的意见。刘备并没有直接表示赞成或反对，而是巧妙地问道："您是否注意到吕布曾如何对待丁建阳和董太师？"听到这句话后，曹操下定决心处死吕布。

曹操为什么听完刘备的话就下决心处死吕布呢？历史上，吕布曾先后效忠于丁建阳和董卓并都杀掉了他们。如果曹操放过吕布，那么他可能会面临和丁建阳、董卓一样的命运。刘备之所以能够巧妙地运用这个类比，是因为他知道自己想要达到的效果：通过类似的处境让曹操明白吕布的危险性，从而决定杀掉他。

这样的类比不需要直接陈述观点，而是通过类似的情境让对方自己领会其中的道理。人们往往更愿意认可自己领悟的道理，而不太容易接受别人直接输出的观点。

因此，要提高表达的准确性、生动性和清晰度，需要锻炼自己的观察能力、联想能力和类比能力。明确自己的意图，巧妙地运用类似的事例，引导他人深入思考，这样才能在交流中取得更好的效果。

实际上，类比和数字化思维是一种帮助理解不同事物的手段，它是一种关联性思考，往往从事物的本质出发，更容易让对方跟随你的思路去理解你的思维和倾听你的观点。

沟通不同于辩论，在类比的过程中，可以从对方的话语和角度出发，寻找类比的落脚点并以数字支撑，更好地找到突破点，掌握沟通的主动权，有利于交流双方理解对方的想法，进行有效沟通。

无论是日常沟通还是演讲发言，类比和数字思维都是一种非常重要并有效的思维方式，是我们思维能力的展现，是一种智慧，也是增强我们说服他人的能力的有效方式。

作业：

经过这一节的学习，想必你对类比和数字化思维已经有了一定的了解，请你进一步思考，以下句子是否运用到了类比的表述方法：

有些鸟儿注定是不会被关在笼子里的，因为它们的每一片羽毛都闪耀着自由的光辉。当它们飞走，你会由衷庆贺它们获得自由。

——《肖申克的救赎》

04 自信从戒掉口头禅开始

自信之于一个人，就像发动机之于一台汽车，发动机质量不过关，汽车哪怕装饰再豪华，也跑不快。

你是否注意到，在日常交流中，你可能会经常使用"嗯""那个"等虚词，却从未察觉到这些细微之处可能会影响表达。然而，正是这些无意识的习惯，影响了你在他人眼中的自信形象。它们常常不知不觉地爬上嘴边，却常常成为沟通的绊脚石，让人误以为你缺乏自信。这些小小的口头禅，在别人听来，可能是让人不悦的。就像是一首美妙的歌曲，毫无预兆地被打断，留下了一个个不和谐的音符。这一节将揭开口头禅的面纱，让你在他人面前展现出真正的自信。

一、口头禅的危害

为什么要戒掉口头禅呢？它究竟有什么危害？

1. 让表达不清晰

如果我们频繁使用口头禅，表达会变得模糊、不清晰，观点不够明确。就像在一张迷宫地图上加入一堆杂乱的涂鸦，让人根本无法找到正确的路径。想象一下，你正在做重要的演讲，却频繁地用"嗯""那个"来填充用来思考的空白时间，听众会困惑，表达效果大打折扣。

2. 给人缺乏自信的印象

口头禅常常会让表达者显得不够自信。想象一下，你正在面试，却在每个问题前加上"其实""呃"之类的词，这会让人觉得你对自己的答案不够自信，从而影响了别人对你的整体印象。

3. 降低表达的流畅度

频繁使用口头禅会让表达变得不流畅，让人感觉表达者好像不知道下一句话该怎么说。这就像一辆正在启动的汽车，发动机明明在响，却怎么也启动不了。在商务谈判、演讲或者正式会议上，流利自信的表达至关重要，它可以让表达者在人群中脱颖而出，赢得别人的尊重和关注。

二、摆脱口头禅，自信加倍

应该如何摆脱这些令人讨厌的口头禅，展现出更多的自信呢？别担心，这里有一些小技巧，可以帮助你逐步戒掉口头禅，成为自信沟通的高手！

1. 慢下来，用停顿替代迟疑

有时候，当我们的思绪还没有跟上口舌的速度，口头禅充当了"填空神器"。当你感觉即将说出口头禅时，不妨先停下来，给自己一点时间思考怎样以更自信的方式表达。就像在驾驶时遇到红灯，你会停下来等待，而不是强行闯过去。

举个例子，你在公司早会上发言，中途"语速太快，行驶超速"，你想继续，但大脑突然"停摆"，不知道接下来该说什么了。这个时刻，你不由自主地用"嗯""啊""然后"之类的口头禅来缓解尴尬。

正确的做法是，当你发现自己即将要说口头禅时，稍微停下来，思考该如何表达，比如你原本想说"那个事情"，不妨换成"具体的例子是"，又或者把"你知道吗"换成"你看看"。只要多加练习，这样的替代就会变得越来越自然，同时还给了你停顿和思考的空间。

假设这样一个场景：在公司的早会上，需要向团队汇报工作的最新进展。

你的同事以这样的方式陈述：

"嗯，上周我们在那个项目上取得了一些进展，然后，嗯，我们遇到了一些小问题，然后就是，你知道吧，我们正在努力解决它们。"

这种方式的表达让人不适，没有让人听下去的欲望，同时还会给人留下不专业的印象。下面是一个更加准确、清晰和生动的表达方式，以停顿代替迟疑，用更自信的口吻陈述：

"大家好，我十分高兴能同大家分享我们上周在项目中的最新进展。（停顿）具体而言，我们成功地完成了A部分的任务，这不仅为整个项目节省了宝贵时间，也展现了我们团队的高效协作。然而，（停顿）在这个过程中，我们也面临了一些小规模的挑战。这些问题已经被我们准确识别，并且正全力以赴地解决。如果大家有兴趣浏览我们的详细报告，就能全面了解我们为克服这些困难所采取的策略和下一步计划。"

在句与句之间，有意识地放慢速度，敢于运用停顿，是自信和聪明的表现。敢于停顿，你就显得更自信；敢于停顿，就会更有智慧。同时还可以用眼神和肢体动作来填充思考时的空间，比如看向某个熟悉的人或者调整自己的肢体动作。

2. 扩充词句，练习替换

口头禅的出现常常因为在表达时思维受限、词汇贫乏。要戒掉口头禅，就得扩充词汇，让表达更具深度和丰富。这就像给"交流工具箱"添置更多的工具，让表达者可以轻松驾驭不同的场合。

平时可以广泛阅读各类文章，积累新词汇，恰当地把它们融入表达，不仅能赋予表达独特性，还能塑造不一样的表达气质。

下面通过一个现实生活的案例来更深入理解戒掉口头

禅，拥有智慧表达。在亲子关系当中，关系大于教育。如果你是一个妈妈，往往那些你不自知、不加思索的口头禅，会让你和孩子的关系走到冰点。如果能够换成另一种表述，你和孩子的关系也许会更好。

想象一下，你对孩子是否经常说出以下口头禅？请你想一想如果换一种表达会不会不一样？

过去："说了不行就是不行，按照我说的做。"

改成："宝贝，你的意见我听到了，这次先按照我的建议来试试。"

过去："男子汉大丈夫，至于吗？"

改成："加油，你是小男子汉，可以做到的。"

过去："你胆子怎么这么小，干啥都害怕！"

改成："勇敢一点，加油！"

过去："别人都行，你怎么就不会呢？"

改成："咱们先从简单的开始，一步一步来。"

当你开始在日常交流中注意自己的用词，尝试用更精准的表达来代替口头禅，你会发现，当你能够清晰地表达自己的观点时，对话将会变得更加顺畅，亲子关系也会变得更加和谐，孩子也更愿意倾听你的想法。这个道理同样应用于职场和生活。

3. 重视反馈，反复练习

要戒掉口头禅，首先要观察自己在交流中使用的口头禅，要对自己的表达方式有足够的认识。你可以请身边的朋友或同事帮你指出平时说话时经常出现的口头禅，或者录下仔细观察，发现自己使用口头禅的频率和场合。

通过身边人的反馈和录音回放，你会发现原来自己有这么多的口头禅，以及在什么情况下会频繁出现口头禅。了解自己的问题才能有针对性地改进。记住一定要敢于回看、敢于复盘。跟朋友、同事或家人交流时，请他们对你的表达给予反馈和建议。倾听他们的意见，并且不断改进自己的表达方式。

一家科技公司的技术总监，他对技术领域有非常深的研究，但是，每次在技术交流会上，他总是频频使用口头禅，比如"这个问题，你知道吗""那个方案，嗯，是这样的"等，因而他每次的表达总是给人一种缺乏自信和专业性的味道。

有一次，同事给他录了一段演讲视频，他看完之后深感震撼，决心改变这一现状。后来他经过咨询，找到了方法。不断听、反复看自己的录音录像，把听起来不舒服的口头禅全部记下来，替换或者去掉，再说再录，接着反思。还可以学习一些杰出的演讲家或演说家的表达方式，观察他们是如何避免使用口头禅的，如何用丰富的词汇和精准的表达引发听众的共鸣。把喜欢的演讲内容背下来，或者演讲者说一句跟着说一句，时间长了演讲者的语言和表达风格就成了自己的。借鉴他们的经验，可以更好地培养自己的表达能力，展现出更大的自信。

他决心改变，不断强化练习和努力，几个月后再次站上讲台，演讲时几乎没有使用口头禅。他的演讲变得干练、自信，得到了很多人的赞美，这也让他越来越自信。

反复练习是改变口头禅的关键。只有在实际交流中不断尝试并在反馈中改进，才能逐渐戒掉这一习惯。而这绝非一朝一夕之功，戒掉口头禅需要一定的时间和努力，你需要不断地重复，直到变成自然流畅的表达方式。就像一名运动员在训练场上反复练习，直到每个动作都熟练。所以要设立一个明确的目标，比如每天尝试用更自信的表达替代口头禅，或者设定每周减少一个口头禅的目标。一步一步来，慢慢改进，明确目标。你看到的所有优秀表达的背后其实都有无数看不见的汗水。

只要下定决心，坚持不懈，相信自己，就一定能达成目标。从今天起，努力摆脱这些让人讨厌的口头禅，用自信、清晰、准确的表达，赢得他人的尊重和关注。请记住，沉稳和自信的表达真的会让你更有人格魅力。

> **作业：**
> 选择一个话题，模拟自己在某个正式场合表达，避免使用口头禅。这可以是一个简短的演讲、一次虚拟的商务会议，或者只是和朋友进行的对话。将它们录制下来，每一次反馈都是成长，加油！

05　用金句给表达增添色彩

　　"金句是表达的精华，是观点的闪光，能够让你的话语更有力量。"

　　你是否经历过看别人表达时出口成章，而轮到自己时，却常常感到言辞匮乏，难以自如表达？无论是繁忙的职场、复杂的社交场合，还是日常的琐碎生活，人们都需要通过表达来传递信息、阐述观点、展示自我。然而，仅仅掌握基本的表达技巧可能无法让自己在众多的表达者中脱颖而出，使用恰如其分的金句却可以让表达更加精彩。

　　在信息时代，人们难以记住接收到的所有信息，但是会记得那些如金子般的点睛之句。金句就是那些能够一语中的、深入人心的表达。金句可能是一个生动的比喻、一个打动人心的描述，或者一个简洁而又有力的观点。无论形式如何，金句都能让人感受到强烈的共鸣和冲击力。这一小节将阐述运用金句的方法和技巧，助您成为说话高手。

一、什么是金句

金句是那些精练而有深度的话语，能够在短短几个词句中承载丰富的思想和情感。人们常常在演讲或文章中嵌入那些经典金句，或在开篇运用一句引人入胜的金句来吸引听众或读者的注意力。金句在语言表达中有点睛之笔的作用，不仅使我们表达的词汇更加丰富，还提高了我们表达的准确性和生动性。金句的魅力在于，它们能够如宝石一般闪烁，深深触动人心，不论是引发思考、激发共鸣还是点燃思维的火花，都以不同方式丰富了交流和表达。

二、发现金句

金句其实隐藏在日常生活中，只是常常被忽视。优秀的作品往往蕴含许多闪光的句子，表达者可以借鉴这些卓越之作，将其融入自己的表达。例如，表达者可以从名人演讲、优美诗歌、经典电影中获得灵感，也可以观察身边的人和事。

例如观看央视的电视节目《朗读者》，不仅能从中积累金句，还能深刻感受金句在表达中的关键作用。

古往今来，有太多太多的文字，在描写着各种各样的遇见。

"蒹葭苍苍，白露为霜。所谓伊人，在水一方。"这是拨动心弦的遇见。"这位妹妹，我曾经见过。"这是宝玉和黛玉之间，初次见面时欢喜的遇见。"幸会，今晚你好吗？"这是《罗马假日》里，安妮公主糊里糊涂的遇见。"遇到你之前，我没有想过结婚，遇到你之后，我结婚没有想过和别的人。"这是钱钟书和杨绛之间，决定一生的遇见。

所以说遇见仿佛是一种神奇的安排，它是一切的开始。也希望从今天开始，《朗读者》和大家的遇见能够让我们彼此之间，感受到更多的美好。

上文中引用的词句具有浓厚的文学氛围，将读者带入了一个诗意的情感世界，表现了遇见的美好和神奇。它不仅体现了文化底蕴，还可以引导听众进入主题，传达出对遇见的深刻思考。

金句在这段文字中的作用是突出主题、传达情感，让表达发挥出更大的价值张力，引导听者进入故事的情感世界，更容易产生共鸣。

三、运用金句

在平实的表达中巧妙地运用金句，可以增加表达的深度和吸引力，为言辞注入更多色彩。那么，该如何在平实的表达中适度运用金句呢？

1. 引言或开头中使用

在文章、演讲或对话的开头使用一个扣人心弦的金句，可以吸引听众的注意力。可以引用一句名言、谚语或文学、影视等作品中的经典句子，与要表达的主题相关。例如，可以开场时说："梦想只要能持久，就能成为现实。我们不就是生活在梦想中的吗？"这句话强调了梦想与现实的关系，激起了听众的兴趣。

2. 强调核心观点

如果想突出某个观点或想法，可以用简洁而有力的语言表达出来，加深听众对表达者观点的理解。例如，如果支持环保，在演讲中可以说："只有服从大自然，才能战胜大自然"。这个金句强调了尊重大自然和保护环境的重要性，并使观众更容易理解表达者的立场。

3. 触动他人情感

金句能够触动人的情感，引发共鸣，增强语言的感染力。

例如，在一个激励他人的演讲中，想鼓励人们不断努力，不放弃追求自己的目标，可以说："生活就像一场马拉松比赛，要想走得更远，必须不断前进。"以此来表达对于坚持不懈的赞美和推崇，激励听众克服困难，坚持追求自己的梦想。

再例如，在婚礼上对新人送祝福，可以说："爱是一种力量，它能让我们在人生道路上走得更坚定。"这个金句用来表达爱的作用和价值，让新人和嘉宾感受到爱的力量和温暖。

4. 引发思考

金句可以用来触动情感、引发共鸣。例如，在职场培训结束时，可以说："成功的人生不是等待机会，而是创造机会。"以此来激励人们积极主动地去追求自己的目标，而不是被动等待机会。引用这个金句来表达对于积极进取精神的肯定和推崇，鼓励员工主动拓展业务和市场，为公司创造更多的价值。

四、运用金句的注意事项

运用金句不是简单地在文章中堆砌，而是需要巧妙地将它们融入表达。金句是演讲的一把利器，要正确使用金句并发挥它们的最大效果，需要注意以下几点：

1. 与主题契合

要注意金句与语境和情境的匹配，能够恰如其分地表达主要观点或情感。选择一个与主题相关的金句，能够更好地使其融入整个作品或演讲，显得更加自然。

例如，"时间就像海绵里的水"，这个句子虽然内涵丰富，但在日常生活中可能并不适合用来安慰朋友因为迟到而懊恼的心情。

2. 不过度使用

金句虽然精练，但也不应过度使用，以免让听众产生审美疲劳。只有在适当的地方，运用恰当的金句，才能让表达更加精彩，更能打动人心。如果全篇都用金句堆砌，会给人不真诚的印象。可以根据表达的需要，适当运用金句，以达到更好的表达效果。有时候，不需要用大量文字来表达一个观点或抒发一种情感，只需几个精心挑选的词汇或句子，就能够让表达更加简洁而深刻。

3．关注受众的感受

在使用金句时，要考虑受众的特点和接受能力。不同的受众可能对金句的理解和感受有所不同，因此应该选择能够更好地与受众产生共鸣的金句。

在日常阅读和交流中，要留心收集和整理金句，以便在需要的时候使用。可以选择一些应用频率较高的金句，比如一些经典的格言、与时俱进的名言警句或者一些高质量的流行语等。

4．考虑应用场景

金句的使用应该自然流畅，不要强行插入。它们不是为了炫耀而存在，而是要为表达增色添彩，让表达更富有打动人心的情感和力量。如果金句不够贴合文章或演讲的内容，或者与前后文衔接不好，可能会让读者或听众感到突兀，影响整体效果。

5．深层理解金句

在使用金句之前，作者或演讲者应该对金句的含义和思想深入理解。只有理解了金句的真正含义，才能准确地运用它们，使其发挥最大的效果。

6．创造性使用

尽管金句有很大的吸引力，但使用时应该注重创新和个性化。除了直接引用金句外，还可以尝试对经典金句进行改编和创新，创造性地运用金句，或者根据自己的观点和感悟创作金句，这样的表达更具独特性和个性。

使用金句是一门学问，也是一种技巧，而技巧的掌握需要不断追求表达精进的实践，包括持续学习优秀作品、与他人交流分享心得、接受批评与建议等方面。只有不断地精进自己的表达能力，才能成为真正的说话高手，才能让表达更加精彩。

总之，善用金句需要作者或演讲者深入理解其含义，注重创新和个性化运用，使金句成为作品的点睛之笔，增强表达的说服力和影响力。只有合理运用金句，才能让表达更加生动精彩，让他人印象深刻。无论是在文学作品、演讲、广告宣传还是名人采访中，都不妨巧用金句，为其增色添彩，展现自身魅力和个性。

> **小贴士：**
>
> 如果想形容一个人大器晚成，可以说："卧久者，行必远。伏久者，飞必高。"
>
> 如果想表达团结才能成事，可以说："大鹏之动，非一羽之轻也；骐骥之速，非一足之力也。"
>
> 如果想激发团队力量，可以说："众力并则万钧举，人心齐则泰山移。"

如果想表达时间过得太快，可以说："时光太瘦，指缝太宽。"

如果想表达一切都来得及，可以说："莫道桑榆晚，为霞尚满天。"

如果想鼓励别人坚持下去，可以说："最慢的不是步伐，不是蹉步，而是徘徊；最快的脚步不是冲刺，而是坚持。"

第四章

卓越表达力，
拉近社交距离

01 牢记"55387沟通法则"

交流应该是人际互动的第一步，而不应该成为最后一步。只有掌握了良好的沟通技巧，才能让我们与他人交往的每一天都更加舒适愉快。

一、了解"55387沟通法则"

在与不同人交流时，常常面临各种挫折和障碍，似乎无法获得我们期望的效果。这可能是因为我们通常仅认为交流有关言辞和技巧，而忽略了其他隐性的因素。实际上，成功的交流不仅在于你说了什么，还受多种隐性因素影响，有时甚至在你开口之前交流的结局就已注定。

"55387沟通法则"最初用于职场培训，后来被应用到不同领域中。这一法则强调，言语内容并不是唯一重要的要素，交流的效果取决于多种要素。在交流中，非语言因素占据了很大的比重，包括肢体动作、表情以及语气、语调。虽然言语内容看起来很重要，但在交流效果中，它仅占7%。

沟通的黄金定律"55387法则"具体含义为：

占比55%的影响因素是肢体动作、表情、眼神等，这是你传达信息的关键。

占比38%的影响因素是语气和语调，它们可以影响你的表达和对方的感受。

占比7%的影响因素是言语内容，尽管所占比例最小，却也是交流的一部分，内容的清晰和明确同样重要。

总之，信息传递的效果=55%的沟通态度+38%的声音+7%的言语。这一法则强调了完整的交流需要关注多种因素，而不仅仅是所说的内容。为了确保信息能够准确地传达和被理解，一个成熟的交流者需要注意自己的沟通态度、语气和言语内容等。

在实际的交流中，人们的注意力往往太过集中在言语内容上，而忽略了非言语因素，尽管后者在交流效果中占据了93%的比重。当与他人交流时，对方的态度、语气、表情等非言语因素能够迅速传递信息，而且常常比言语内容更具影响力。因此，重视自己的交流态度、表情以及语气等，对于有效的交流至关重要。

日常沟通中，人们有时会发现非言语因素对交流产生不小的影响。一旦对方的态度、语气或表情产生变化，听者不一定能专注于对方所说的内容，却能敏锐地感知到不愉快的情绪。这也说明了为何许多沟通失败的原因——未能管理好自己的态度和语气等。如果一个人在表达时态度不当，让对方不舒服，那么对方可能不仅不愿倾听表达的内容，还可能以相同的态度回应，从而导致交流变得无效。

比如在沟通习惯上，很多父母总是习惯于把沟通重点放在说话的内容上，却往往忽略了很多语言之外的内容。其情绪表现和语气可能会让孩子感受到负面情绪，即使内容本身是正面的。这可能会导致父母和孩子之间的沟通失败，让孩子因父母的态度而与父母对抗，而不是去理解父母真正的意图并且改正，所以这注定是一次失败的沟通。

二、应用"55387沟通法则"

结合具体场景应用"55387沟通法则"时，可以运用以下三个小技巧，让表达的效果更好。

1. 控制肢体

当与孩子交流时，父母应该特别留意自己的肢体语言。确保表情自然、态度温和，这样孩子更容易接受父母的信息。避免采用明显表现出愤怒和否定的肢体动作，比如双手叉腰、双手抱胸或指着孩子。相反，采用温和的方式，比如蹲下与孩子处于同一视线高度，与他眼神接触，轻轻触碰他的肩膀或手臂等，传递出理解和支持的信号。

2. 把控情绪

与孩子交谈时，要努力控制情绪，因为孩子会感知到家长的情感状态。如果家长在交流中只是发火或者反复提出之前已经讨论过的问题，孩子的大脑可能会感受到威胁。这可能导致孩子做出抗拒、逃跑或冻结的反应。因此，家长需要确保孩子的情绪在沟通中保持稳定，以使孩子能够更好地接收信息。

3．就事论事

在与孩子沟通时，要聚焦于评价孩子的行为，而不要对孩子本身进行否定。避免用贬低的语言来描述孩子，而是只讨论具体行为。父母可以指出孩子的特定问题，并且提供明确的建议，告诉孩子如何改进。沟通的重点应该是特定问题，而不是情绪化的表达。

这些小技巧可以帮助父母提高与孩子的沟通效率，营造更和谐的家庭氛围。此外，这一沟通法则同样适用于其他问题，如情侣之间的争执、商务会议中的谈判以及求职面试等。了解并灵活运用这一沟通法则，有助于避免许多常见的沟通陷阱。

比如，在商务会议中，谈判是常见的情景。与会者需要密切观察其他人的肢体语言和语气，以了解他们对某个提议或问题的真实态度。即使一个人提出了合理的建议，但如果其肢体语言和语气表明不确定或不愿意合作，其他与会者可能会对提议产生怀疑，从而降低了内容传达的有效性。

再例如，面试过程中，求职者与面试官之间的沟通至关重要。假设一个求职者尽管在技能和经验方面表现出色，但在面试中，他的眼神闪烁不定，身体乱动，声音颤抖，给面试官留下了不自信的印象。由于非言语信号的负面影响，他最终可能错失了这个工作机会。

我们应该不断尝试改变自己的表达方式，以更好地理解他人的感受和意见。当沟通出现问题时，可以主动停下来，反思并选择当下情境中最佳的沟通方式。通过保持平和的情绪、合适的语音和语调，可以确保对方更好地理解我们的意思，达成共识，顺利解决问题。

除了掌握"55387法则"以外，高情商的沟通同样离不开身份的定位，"角色，在于所处"。沟通的结果，往往在沟通开始之前就已经注定。

举个例子：假设你是一名员工，需要向领导提出一个新的项目建议。你和领导的接触仅限于工作，缺乏亲近感。在这种情况下，你的身份定位是普通员工，而领导是你的上级。

如果以普通员工的身份与领导交流，你需要通过一份详细的方案来呈现你的想法，并提供充分的理由来支撑你的建议。必须以专业的方式表达，以确保领导知道你的方案是经过深思熟虑的。然而，如果你能够调整你的身份定位，使自己不仅是员工，还是领导的合作伙伴，情况可能会有所不同。

　　你可以主动寻求与领导互动的机会，积极参与公司的一些重要决策，在工作中投入更多的精力，建立更亲近的工作关系。这可能会使你向领导提的建议更容易被接受，因为你已经与其建立了更亲近的关系，因而他可能更愿意倾听你的意见。通过调整你的身份定位，你可以在沟通中取得更好的结果，更容易获得支持和认可。

　　灵活把握身份定位可以在各种情境下提升沟通效果，但需要建立在真诚和诚信的基础上，确保你与对方之间建立了信任关系。若不明确彼此的身份定位，就会事倍功半，甚至会遇到许多困难。

　　因此，在大多数沟通情境中，要实现更有效的沟通，需要运用"55387法则"，关注非言语因素，调整身份定位，采取适当的表达方式，建立积极的关系，增进相互理解，从而实现更顺畅和有效的交流。沟通是互动的起点，也是互动的关键，只有掌握了这些技巧，才能使与他人的交流更加舒适和愉快。

小练习：

　　在商务会议中，为了达成与对方的合作，应该运用"55387法则"来达成目标。请基于该法则详细说明该怎么做。

02 了解他人，精准表达

有效的沟通取决于沟通者对话题的充分掌握，而非措辞的甜美。

——葛洛夫

孔子言："不患人之不己知，患不知人也。"交流的关键在于真正了解他人的内心世界和情感需求，从而能够与对方真诚地沟通。

在日常沟通过程中，主要通过对方的话语、肢体动作和微表情来了解一个人。接下来，将详细探讨这一问题。

一、语言

"人类有两种表情，一种是脸上所呈现的表情；另一种是说话时对方所传达的信息。"在沟通过程中，需要学会倾听，把握对方话语中的关键信息点以更好地了解他人。

1．口头禅

口头禅是一种逐渐形成的，表达内心感受和期望的话语习惯，往往会带有鲜明的性格烙印，也可能会透露真实的内心世界。听懂一个人的口头禅，往往能更好地读懂一个人。

例如：

（1）说真的、老实说、的确、不骗你（担心他人误解）；

（2）应该、必须（自信，甚至可能强势）；

（3）啊、呀、这个、嗯（思维较慢、思考较多）。

2．语言特点

"世界上没有两个人是完全一样的，也没有一个人在两分钟之内是完全一样的。"

不同的人，具有不同的语言特点，也相应具有不同的性格特点，通过对方说话过程中的口气、速度、声调和音量等，往往可以感知到对方的内心想法和状态，而通过发现对方谈吐方式、遣词造句等方面的特点，也可以了解对方的信息，更好地应对交谈中的话题。

有人说话粗野庸俗，有人说话谦恭有礼，有人说话条理清晰，有人说话逻辑混乱，这都是个人性格的反映，也是在交谈中需要格外注意的。除此之外，我们也需要去关注其表现的真实性，从而更好地了解对方。

3．性格差异

在沟通交流中，还需要留意不同人之间存在的性格差异。性格差异会导致人们的处事风格、喜好善恶存在较大的差异。因此，对于性格不同的人，需要采取不同的应对态度。

例如，在生活中，脾气暴躁的人说话往往直接，相对容易冒犯自己，这时候，便需要考量他们对此是否有恶意，若无恶意，一笑了之是最好的应对方式；而对于死板的人，往往需要你耐心分析，寻找其兴趣点和话题切入点，从而更顺利地沟通。

总而言之，在与不同性格的人沟通的过程中，若要更好地赢得对方的好感，需要根据不同的性格特色调整自己的沟通交往方式，从对方的兴趣切入，营造友好气氛。

二、肢体动作

每个人都有自己独特的动作风格，大约分为三种类型，分别是情感型、示意型和陈述型。

情感型肢体动作往往会直接反映一个人的具体情感取向，例如，当你靠近某个人时，就表现了你对他具有善意或者兴趣；当你远离时，则表示你对其不感兴趣或是不满。

示意型肢体动作主要体现在日常生活中，迎接客人时的"请"动作展现了自身的礼仪和教养。等待时的四处张望，弯腰时的谦逊有礼，抬头挺胸时的自信，都属于示意型肢体动作。

陈述型肢体动作是对其他肢体动作的补充和说明，是一个人对某种事物的反馈。例如，简单的点头、摇头动作，侧耳倾听和强调性动作，都属于这一范畴，还可以有效提高听众对其的理解和认可，也是了解其状态的重要风向标。

弗洛伊德说："人掩盖不了自己，如果他口唇静止，手指在轻轻击节，则秘密就会从他的每个毛孔中流溢出来。"这不奇怪，这正是肢体语言本身的特性所决定的。而肢体语言具有连续性、互动性、可靠性几大特点，更难被掩饰，更容易被分析和理解。

三、微表情

人们往往通过一些动作和语言表达内心的感受和想法，而在某个表情之中，则会透露更多的情绪与想法。微表情往往可以反映一个人最真实的情绪，通过对一个人语言和动作的分析，可以了解说话者真实的内心感受。

相关研究称，人类至少有二十一种表情，其中，除了高兴、伤心、恐惧、愤怒、惊讶、厌恶之外，还能够产生十五种复合表情，而我们若要在生活中认识它们，则需要处处留心观察。

下面，对上述六种表情在实际生活中的表现做一个具体的说明：

（1）高兴：嘴角翘起，面颊上抬，眼睑收缩等。

（2）伤心：皱眉，嘴角下拉等。当你的朋友脸上出现了这种表情，请你陪伴他，给他鼓励安慰。

（3）害怕：眼睛张开，嘴唇微微张开，眉毛上扬紧缩，眼皮上扬收缩，鼻孔张大。

（4）愤怒：眉毛收拢，前额紧皱，眼睛怒视，嘴唇紧闭。面对愤怒的一个人，你或许需要调整自己的行为。

（5）惊讶：下颚下垂，嘴唇放松，眼睛张大，眼睑和眉毛微抬。

（6）厌恶：缩鼻，上嘴唇上抬，眉毛下垂，眯眼。

在沟通的过程中尊重对方、了解对方、认可对方，同时通过一些启发性、询问性、暗示性的沟通技巧增强双方信任，从而在沟通过程中建立和谐的人际关系。

> **小贴士：**
>
> 在学习了解他人的过程中的三点建议：
>
> （1）学会区分"想法"和"现实"，学会就事论事，一切从实际出发；
>
> （2）在与朋友、家人等的亲密关系中，如果怀疑对方有不同意见，直接问，而不要将自己的猜测当成对方的想法；
>
> （3）在工作或一般性的社交场合，坦然做自己，不必太在意别人的语气、态度、表情或说话的方式，将自己的情绪、自己的想法和他人的表现、他人的想法区分开。

03　认同和复述，让对话持续深入

"**认同和复述可以让对话双方，从无话可说到侃侃而谈。**"

无论是工作场合还是日常社交，有效的对话技巧都是必不可少的。有时会在对话中遇到各种问题，比如如何理解对方的观点、如何表达自己的意见，以及如何确保对话不中断等。为了在对话中更好地沟通和交流，可以使用认同和复述的技巧，让对话不间断，增强彼此之间的吸引力。

一、认同和复述彼此促进

认同和复述彼此之间并不是孤立的，它们是一种相互交织、相互促进的双向关系。认同为复述打下基础，而复述则加深了认同。这种双向的互动使对话更亲近。通过复述对方观点，向对方表达了理解和尊重，进一步促进了对话的深入展开。

认同是产生共鸣和增进理解的桥梁。通过对他人的观点、情感等接受和赞同来回应对方，让他们感受到被尊重和关心，从而增加亲近感。

例如，当朋友表达担忧时，可以说："我理解你的担忧，这个问题确实棘手，但是我相信你可以克服。"这样的回应让对方感受到被认可和支持，从而有助于推动对话的深入和延续。

复述在对话中的作用则是确认和推进。复述不仅是重复对方的观点，更是告诉对方我们在认真倾听，增进对话的互动性和彼此之间的信任。

例如，在与同事讨论工作计划时，可以说："如果我没理解错的话，你希望我们更加关注新项目的细节，对吗？"这种复述有助于消除误解，同时也让对方感受到你在认真倾听。

认同和复述构成了一个正反馈循环。认同让对方感受到理解和支持，进而愿意分享更深层次的信息。而通过复述，将对方的观点重新表达出来，使对话的互动性更强。

为了更好地说明认同和复述在对话中的重要性，先了解一个理论：马斯洛的需求层次理论。

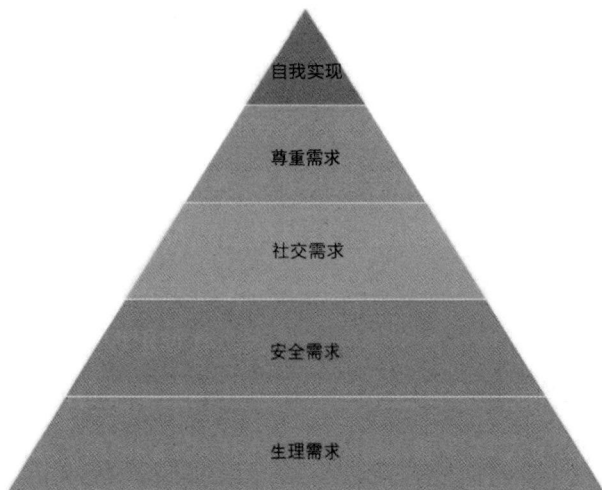

马斯洛的需求层次理论

马斯洛这一理论描述了人类需求的层次结构。这个金字塔形的层次结构包括生理需求、安全需求、社交需求、尊重需求和自我实现。从底层到顶层，分别代表了缺陷需求和增长需求。

可以看到尊重需求位于这个金字塔的第二层。而在交流中，认同和复述是最能满足对方尊重需求的方式。通过这些方式，我们能让对方感受到被重视和被理解，从而建立更深入、更有意义的对话关系。

在对话中恰当运用认同和复述这两项技巧，对于个人成长和人际交往都具有巨大的意义。切忌过于保持沉默，而应适时地发声。

信息化时代的兴起导致线下交流日益贫乏，许多人渐渐习惯了在对话中保持缄默。这种趋势可能产生不良影响，不应因缺少线下活动而丧失与人正常交流的能力。对话作为一种互动的过程，若未掌握相应的技巧，可能会错失大量有价值的信息。

认同和复述在获取重要信息方面起到了关键作用。比如，有人感慨，那些在大学课堂上翘课或玩手机的人虽然看似自由，实际上却错失了与智者并肩前行的宝贵机会。我在大学，特别爱跟老师聊天。首先，我觉得老师们都是聪明人，我能从他们身上学到不少智慧；其次，老师见多识广，跟他们交流总能让我在他们专业领域里听到很多新知识。可能是因为我积极主动，总是点头认同，还经常问问题，老师们也就更喜欢跟我分享他们的知识和经验。

二、认同和复述的运用技巧

在谈话中，如何巧妙地运用这些技巧呢？下面通过情景模拟进行深入探讨。

1. 认同对方的感受和观点

认同对方的感受和观点是增进理解和信任的关键。表达认同是提升谈话深度的关键，比如，当朋友向你倾诉烦恼时，用肯定的措辞如"我理解你的感受""我明白你的观点"等，表现你的立场。这样可以建立信任和营造良好的沟通氛围，让他自然展开对话。

2．运用复述技巧

复述是给予理解和鼓励的有效方式。通过复述可以向对话方表示"我在认真听""我听进去了并且在思考"，激发他继续说的欲望。再例如，"所以你的意思是……"或者"如果我没理解错的话，你的观点是……"这样的复述还可以避免误解和偏见，促进更深入的对话。

3．让你的观点更易被接受

让我们通过一个情景来说明如何在谈话中正确地运用认同和复述的技巧。

假设你是一名销售经理，正在向潜在客户推销，希望他们购买你公司的产品。客户表达了一些疑虑和担忧，担心产品的性能和服务质量。你可以用认同和复述的技巧来让客户打消他们的疑虑。

客户：我对你们的产品还是有些担心，不知道你们的质量如何。

你：我能理解您的担忧，购买产品，质量问题是大家关注的重点。我们也一直在努力改进产品质量。（使用认同技巧）

客户：我还听说服务不够及时，这让我有些犹豫。

你：我能理解您对服务质量的担忧。确实，之前有客户对我们的服务提出了一些意见，但我们已经听取了建议，让客户更满意，并加大了对售后支持团队的投入。（使用复述

技巧）

在这个情景中，通过认同客户的担忧和复述他们的观点，让客户感受到被尊重和理解，进而更愿意接纳你的观点。你可以阐述更多自己想表达的观点，让客户更倾向于接受你公司的产品。

4. 避免过度使用

尽管认同和复述是实用的沟通技巧，但过度使用可能会使谈话显得生硬和刻板。认同和复述只是谈话技巧，并不是核心。一味复述会让谈话变得乏味、无趣。表达者应该明白，谈话是一个双向互动的过程，并不是某个人的独角戏。

此外，在对话中，可以适当地交织认同、复述和提问，以实现更充分的交流和理解。同时，还可以通过非语言的方式，如肢体动作和面部表情，来增强认同和复述的效果，使对话更真诚，更全面地展现对对方话题的理解。

举个例子，假如你是一个团队的领导，正在与团队成员讨论新项目的执行计划。

错误示范：

你：大家都认为这个项目非常重要，对吗？（不恰当的认同）

团队成员：是的，这个项目确实很重要。

你：因此，我们必须确保项目顺利进行。你们还有其他建议吗？

这是个错误的示范，不恰当的认同使对话丧失了开展深入思考或得到创造性建议的可能性。这种方式使对话变得平淡乏味，缺乏新的见解。

正确示范：

你：我们都认识到这个项目的重要性，但也可能会遇到与以往不同的挑战。你们在这方面有何想法？（提出问题）

团队成员：我正在考虑项目资源的分配问题。我们可能需要调整人员的工作量。

你：这是一个很有洞察力的观点。（适当的认同）你认为在资源分配方面有哪些需要考虑的因素？（继续提出问题）

在这个正确示范中，通过提出问题，鼓励团队成员思考和提出建议。这种方式能够激发团队成员的主动性，让他们更深入思考，并提出具有创造性和可行性的建议。

5．适当提问

在认同和复述时，适当提出问题可以进一步深入对话，了解对方的想法和感受。通过提问，你可以展现自己对对方的关注，推动更深入的交流。可以用一个现实生活中可能发生的场景来更好地说明。

假设你与家人共同商讨一个度假计划，你的家人有各种不同的意见，你希望能够引导对话，让每个人都有表达观点的机会，然后在讨论中达成共识。

你：关于度假的目的地，你们有什么想法？

家人A：我认为我们应该去海滨度假胜地，可以享受阳光和海浪。

你：海滨度假的确是一个不错的选择。（表达认同）你觉得海滨度假有哪些优势？（提问）

家人A：我觉得海边的风景很宜人，而且可以尽情玩水。

你：除了海滨度假，其他人还有不同的建议吗？（使用提问技巧）

家人B：我认为我们可以选择去山区，体验大自然的宁静和美丽。

你：山区度假的确能够带来一种与众不同的体验。（运用认同技巧）你觉得在山区度假有哪些吸引你的地方？（提问）

家人B：因为山区的风景清幽，可以远离城市的喧嚣，感受大自然的宁静。

你：除了海滨和山区，还有其他想法吗？（使用提问技巧）

在这个例子中，适当的提问能够引导对话，让每个人都有深入思考和表达观点的机会。运用认同技巧表达对不同意见的理解，同时通过提问技巧展开进一步的讨论，从而促使家人在交流中探讨出一个更全面的度假计划。

因此，通过认同和复述，可以让对话从最初的无话可说变为侃侃而谈。通过认同，我们增加了共鸣和理解，让对方感受到被尊重和关心。通过复述，正确地理解了对方的意图，并产生了更多的对话互动。在日常对话中灵活运用这些技巧，不仅可以提升沟通能力，还能促进人际关系的发展。在交流中，充分发挥认同和复述的魅力，让对话充满活力，使交流更加愉悦和高效。

小贴士：

如果你希望对话延续，增加互动和共鸣，以下是一些帮助你的小贴士。

积极倾听和回应：用心倾听对方的观点，然后通过认同来表达你理解并赞同他们的看法。可以说："我完全理解你的观点，你说得很对。"

确认对方的情感：复述不仅是重述自己的观点，还可以捕捉对方的情感。例如，你可以说："你好像对这个项目非常兴奋，对吗？"这样可以让对方感受到你的关注。

探索更多细节：在认同的基础上，通过提问来引导对方更深入地探讨他们的观点。可以说："你能详细说明一下这个方案的优势吗？"

分享你的观点：在认同的同时，可以分享你自己的看法。可以说："我同意你的观点，并且我认为我们还可以在这几个方面做些调整。"

引导对方展开：通过复述对方的观点并提出更多的问题，鼓励他们进一步阐述自己的想法。可以说："你能再说说这个建议对我们团队的长远影响吗？"

肯定对方：在认同和复述中使用积极的语气，让对方感受到你的鼓励和支持。可以说："你提出的这个想法真是太有创意了！"

交替使用认同和复述：在对话中交替使用这两种技巧，以保持对话的多样性和流畅性。这有助于防止对话变得单调或生硬。

尊重分歧：即使意见不一致，也可以使用认同和复述来表达对对方观点的尊重。可以说："我明白你的立场，虽然我有些不同的看法。"

注意非语言表达：除了言语，也要注意使用非语言方式来表达认同，如微笑、点头等。这有助于强调自己的积极态度。

04 达成共识的关键技巧

"喋喋不休的人往往不是很擅长沟通的人。"

无论是在日常生活还是职场中，都难免会遇到冲突和需要协商的情况。这些冲突可能发生在同事、家人或朋友之间，解决它们并达成共识是一项至关重要的能力。

我们常常面对各种挑战，比如沟通不畅、争吵升级等难以达成一致意见的情况，但这并不意味着关系破裂。这一小节将深入探讨如何掌握冲突解决和协商的关键技巧，建立与他人之间的良好沟通关系。这些技能不仅有助于稳定个人情绪、人际关系，还能提高工作效率。

一、倾听是一种艺术

一句有关倾听重要性的名言是这样说的："我们天生拥有两只耳朵和一张嘴，这意在让我们聆听的分量远超过我们表达的分量。"这个观点强调了倾听在人际交往中的关键作用。

在职场中，如果你的同事向你抱怨工作中的一些困难，你可以选择聆听并试着去理解他们的烦恼，而不是立刻提出解决方案。通过这种方式，你能够为他们提供情感上的支持，并告诉他们你在乎他们的感受，这是一种难能可贵的情绪价值。

当我们与他人沟通时，倾听和理解对方的观点同样重要。只自顾自讲话，或者在没有完全理解对方表达意思的情况下就盲目下判断，很容易导致理解偏差和沟通障碍。

一个有趣的故事体现了这个道理。一位主持人问一名立志成为飞行员的小朋友："如果有一天，你驾驶着飞机飞到太平洋上空时，突然熄火了，你会怎么办？"小朋友思考片刻后回答道："我会先确保大家绑好安全带，我再背着降落伞跳出去。"有观众听了哈哈大笑并质疑："你为什么要一个人逃生，抛下其他人？"小朋友委屈答道："我要去拿燃料，我还要回来！"这个小故事表现出了倾听和理解的重要性。有的观众主观臆测，导致了误解。如果他们仔细倾听并理解小朋友的意图，就可能不会有误解。

所以，大多数人在表达自己观点时，都希望被倾听和理解。当我们倾听他人时，我们能够获取更多的信息，从而更好地理解问题。通过倾听，我们能够更全面地了解情况，避免做出错误的判断或决策。因此，给别人创造说话的机会，认真倾听，是实现有效沟通的关键。只有这样，我们才能真正领会对方的真实意图，解决问题，达到沟通的目的。

调查就像"十月怀胎"，解决问题就像"一朝分娩"。问题之所以解决不了，不是能力不够，而是根本找不到问题所在。只有仔细倾听和深入调查，我们才能准确地定位问题，从而采取有效的措施解决它。这也再次强调了倾听和理解的重要性，它们是解决问题和实现良好沟通不可或缺的。有效倾听是找到问题本源的一个重要技巧，那么什么是有效倾听呢？

举个例子，假设一个工厂的机器即使维修也会反复漏油，要找到问题的根本原因，可以采用问"为什么"的方法。首先问：为什么机器漏油？答案可能是质量不好。接着问：为什么质量不好？答案可能是采购资金有限。再次问：为什么采购资金有限？答案可能是采购部门压低成本。通过这一系列的提问，问题的根源浮现出来，解决方案也变得清晰明了：增加采购资金，购买更高质量的机器，问题就能得到根本性解决。

实际上，不论问题的性质如何，多追问"为什么"有助于发现问题的核心。**在冲突解决中，需要关注问题本身，这需要有效的倾听。有效的倾听不仅是聆听，更是理解对方的意图和情感，让对方感受到你在认真倾听，从而更好地理解对方的需求和期望。**

倾听是一个双向的过程，应该有同理心。有些人可能是假装在倾听，但实际上是在等待机会表达自己的观点，这是单向的沟通。然而，真正的倾听需要更多的互动，需要理解和共鸣。对方表达情感或观点时，正是我们了解他人的机会。通过倾听和理解，我们可以更好地解决冲突，建立更和谐的人际关系，以及有效沟通。

在生活中，一个典型的例子就是家庭争吵。假设一对夫妻发生争执，其中一方认为对方不够关心家庭，而另一方则觉得自己已经付出了很多，却没有得到足够的理解和支持。在这种情况下，有效倾听可以帮助他们找到矛盾的源头。

矛盾双方难免情绪激动，双方需要冷静下来，避免在情绪过激的状态下发表言论。每一方都应该轮流表达自己的感受，阐述感到不满和不理解的原因。这是倾听的第一步。

在对方表达感受时，另一方需要认真倾听，而不是立刻反驳或辩解，这是有效倾听的关键。应该努力理解对方的立场和情感。如果不明白对方的立场或感受，可以提问，这有助于找到矛盾的源头。

二、了解对方观点

了解对方的观点，并从双方的角度来看待问题，是成功的关键。

倾听过后就是沟通，而沟通是一门艺术。马歇尔·卢森堡详细阐述了一种名为"非暴力沟通"的沟通方式，它有助于人们在交流中建立情感共鸣、和谐相处。**非暴力沟通是一种沟通方法，旨在帮助人们有效地表达自己的观点、需求和感受，同时保持尊重和理解。**这个方法强调**自我觉察、共情、清晰表达和请求，**以促进更深层次的理解、互相尊重和合作。

为了理解沟通的真正目的，需要抛开一味说教的观念，回归到情感相通。很多人与孩子或伴侣交流的目的不是倾听和理解，而是让对方屈服，这样的交流往往忽略了情感共鸣的真正价值。

大多数的不理解和争吵都是因为口无遮拦的语言暴力所导致的。这些无心或有意的语言暴力让人与人之间变得冷漠甚至敌视。

人在生气或冲动时表现出抱怨、指责和批判是正常的。可以表达情绪，但不要带着情绪表达。非暴力沟通不是要压抑情绪，而是教我们如何转变思维。它能帮助我们看到问题的本质，学会以不同的方式交流。观察、感受、需求和请求是非暴力沟通的四个原则。以下是一个示例，展示了如何在与同事沟通时应用非暴力沟通。

假设你与同事在项目中合作，但你对他的工作质量感到不满，你想提出你的意见，同时也想保持尊重和理解。

首先，引出话题："我注意到，你似乎忽视了一些重要的细节，这让我感到有些不安。"接着，说出你的观察结果：

"当我们讨论项目时间表时，你忽略了关键的截止日期。"

对方对观察结果无异议后，明确提出你的感受："对此我真的很担忧，因为这个项目对我们所有人来说都非常重要。我们可以更好地协调我们的工作，确保我们能够共同达成目标。"

你不仅委婉地指出了问题，还提出了进一步需求："在我看来，我们需要一个明确且可靠的工作流程，这样我们每个人都可以清楚自己的角色和职责，而且不会有关键的细节被遗漏。我觉得这是对我们团队的一个基本要求，也是对我们每个成员的尊重和重视。"

最后一步是表达请求："我想请你和我一起坐下来，详细讨论一下我们的工作流程和计划。我们可以一起制定一个明确的时间表，包括每个人的任务和责任，以及我们需要遵循的具体步骤。我会尽我所能来帮助你完成这个项目，我相信这个项目会对我们所有人产生深远的影响。谢谢你花时间来听我的反馈，我期待着和你一起改进我们的工作流程。"

在这个过程中，你用非暴力沟通的方式表达了自己的观点和需求，同时也创造了合作的机会，以共同解决问题。这有助于避免对抗，促进理解和形成更高效的沟通习惯。非暴力沟通是一个实用的工具，可用于各种情境，不仅在人与人关系中，在职业环境中也有很大的应用潜力。

沟通是成功的黄金钥匙，它能帮助我们了解对方的观点，从不同角度看待问题。语言虽不能改变现实，却可以改变人们对事物的看法。因此，沟通不仅包括理解对方的观点，还包括观察对方的神情、动作和反应，以及及时给出适当的反馈。应用不同的信息传递方式，可以得到更丰富的信息，使双方更好地理解和互动。

通过学习和应用这些技巧，可以更好地应对挑战，与他人建立更加和谐、有效和成功的人际关系。沟通中积极地应用这些技巧，不仅有助于个人的成长，还有助于营造更加和谐、互助的社会环境。

> **小贴士：**
>
> 没有不能沟通的人，只是还没有找到和他沟通的正确方法。请记住，先处理情绪，再讲道理。

05　四个技巧，助你微信社交

在如今的社交媒体时代，微信已经成为日常交流中不可或缺的社交工具。无论是与朋友聊天还是进行商务交流，都少不了微信的身影。然而，如何在微信沟通中展现出让人愉悦的形象，创建良好的人际关系，同样需要运用一些技巧。

不论是在职场还是个人生活中，微信传递的信息不仅是文字、语言和表情，更是一种培养感情、展示态度的方式。本节将与你分享四个微信沟通技巧，助你赢得更好的人缘。

技巧一：巧用表情包，释放友好信号

相对于单调的文字，表情包在交流中能够活跃气氛，传递友好情感，使对话变得更加生动。然而，需要注意的是，过度使用表情包可能会影响你专业和权威的形象。因此，在正式场合使用表情包，务必保持敏感性，避免影响你的专业形象。

假设你是一个销售专员，与潜在客户进行线上洽谈。当客户提出一个问题，你可以发送一个微笑的表情包，回复："非常感谢您的信任！我了解完情况后会在第一时间通知您。"这样的回应不仅表现出你的热情，还通过微笑的表情传递出亲切友好的态度，为对话增添了一抹轻松的色彩，但是如果你发送不适宜的表情包，就会让对方不舒服，甚至会觉得你太过轻浮、不够专业。

> 请问这个月的活动还有优惠吗？

> ☺非常感谢您的信任！我了解完情况后第一时间通知您。

所以表情包的使用要结合具体的场景和对象，根据情境和对方的偏好来决定是否使用，以及使用何种类型的表情包。

技巧二：发送内容有条理

微信作为信息传递工具，文字和语音在沟通中起着关键作用。发送的信息的逻辑性和条理性对于有效沟通至关重要。当我们传递重要信息时，大量的文字堆砌和连续数条长语音会让人感到困惑、烦躁甚至压力倍增。

这样发送消息，发送者节省了时间和精力，接收者却特别浪费时间，而且如果无法准确地将语音转为文字，就更棘手了。所以即便是微信沟通，也能辨别人品，千万别让这些小细节影响了你在他人心中的形象。如果需要表达复杂的内容，可以将信息拆分为几个部分，分成几条发送，确保每一条都有清晰的主题和逻辑。

总之，有条理的微信沟通能使信息更易被理解。通过合理的结构和逻辑，可以使对方更好地理解你的意图，从而有效地进行沟通交流。在微信沟通中，清晰明了的信息编排能够帮助你提高沟通效率。

技巧三：不能忽视的微信礼仪

在工作上出问题，原因有可能是沟通上出了问题。微信已经不再是单纯用来保持联系的工具。需要注意的是，一些在日常社交里无关紧要的话语放在职场情境中会触碰雷区。

所以，职场中的微信沟通礼仪至关重要，不仅能提高工作效率，建立良好人际关系，还能避免不必要的误解和冲突。以下是几点需要注意的基本礼仪。

1．添加好友的自我介绍

在申请添加对方微信好友时，要注明姓名和单位，并加上一句自我介绍，例如：××，您好！我是×××公司×××部门的小李，请您多多指教。再例如，如果你加了一个行业专家，想和他建立联系，千万不要直接发"我很喜欢您""我很敬佩您"这类文字，对方最多回复一句"谢谢"，因为你没有沟通目的，更像是一次打扰。

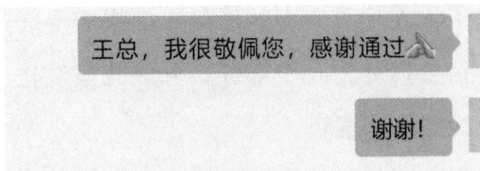

正确的做法是，先说我是×××公司的×××等，做一个简短的自我介绍，再去分享你的真情实感，这样的"破冰"才可能会让对方留下印象。

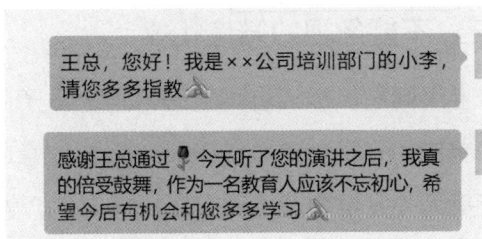

此外，及时在微信好友的备注中加入对方的职务是个好习惯，能避免出现找不到人、认错人的尴尬。切记不要在微信中问"在吗"，而应该开门见山地把事情讲清楚，避免过多寒暄。发送或转发信息前，一定要检查有无错别字，并确保称呼是正确的等，这些小细节能够让你在职场中更加得心应手。

2. 礼貌回复

职场中的高情商不一定左右逢源、八面玲珑，但要懂得为他人考虑，站在对方立场上考虑问题，尤其是对你的领导、职场前辈，要在细节上展现出你的尊重和利他，这才是一种高情商。

微信文字是没有声音、语气的，对方只能从文字中去感受你的态度，过于简洁或太过口语化等，会给人没有礼貌的印象。所以要避免过于随意或口语化的表达，尊重对方，展现出你的高情商。

不推荐	推荐
嗯	好的，收到
好	好的！
我知道了	好的，没问题
到了就给你	好的，我一拿到就马上发您

3．及时回复

不及时回复别人的消息可能会让别人焦虑，看到信息后最好第一时间回复。如果是在开会或者在忙其他事，也要回复"在忙，稍后联系"等话语，这也是给予对方尊重。

4．提前沟通

对于较为复杂的信息，可以提前与对方沟通，确定合适的时间进行详细的交流，避免在不适当的时间发送大量信息。

另外，非紧急的工作消息尽量不要在休息时间发，尽量不要发语音。遇到特殊情况不得不发语音或视频时，最好和对方做简短的说明，比如："×总，现在方便和您视频吗"，不要贸然用语音或视频沟通。

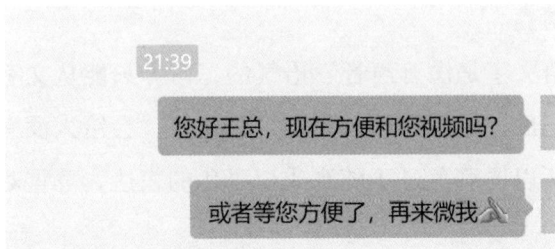

21:39

您好王总，现在方便和您视频吗？

或者等您方便了，再来微我🙏

5．发送群通知和解散群的注意事项

在发送群通知、解散群组或退出群组时，都需要适当地表达感谢和尊重，保持良好的职场形象。

在发送群通知时，需要先自我介绍并说明事项，例如：××主任，您好！我是××办公室的小刘。根据××统一安排，×月××日上午9点在×××召开××会议，届时请您参会。现在邀请您进群，稍后会将会议有关的具体事项发到群里。

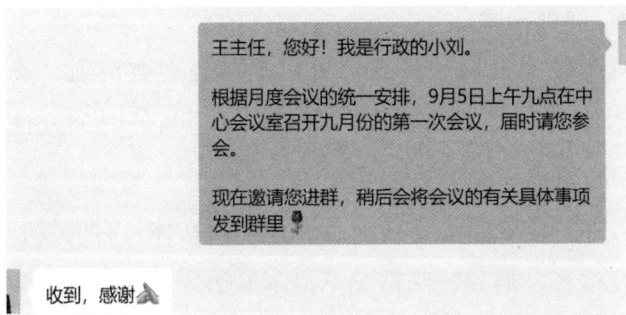

王主任，您好！我是行政的小刘。

根据月度会议的统一安排，9月5日上午九点在中心会议室召开九月份的第一次会议，届时请您参会。

现在邀请您进群，稍后会将会议的有关具体事项发到群里🙏

收到，感谢🙏

在解散工作群时，需要感谢群里所有成员的付出，并表达希望大家能保持联系的意愿。例如：各位领导，经过大家的共同努力，×××工作顺利完成，此群也即将解散，感谢各位这段时间的付出，以后常联系，祝大家工作顺利！

在退出工作群时，需要说明岗位变动的原因，并感谢群里所有成员一直以来的支持和帮助。例如：各位领导，因岗位变动，目前我已经调整至××部门工作，现将退出此群，感谢大家一直以来的支持与帮助，祝各位工作顺利！

另外，不要在微信上发表与单位有关的负面言论，也不要在职场较为严肃的场合中开不合时宜的玩笑，容易让他人觉得你是一个不值得信赖的人。

技巧四：适当活跃气氛

幽默是缓解紧张和拉近距离的好方法。在微信沟通中，适当的幽默可以使对话更加生动有趣。比如，当你与朋友绞尽脑汁地讨论问题时，适当地加入一些幽默的元素，可以让氛围变得轻松。然而，幽默也要注意分寸，避免触及敏感话题或冒犯他人。

小张是个"技术达人"，但在与人沟通方面却经验不足。他加入了一个微信群，群里的成员都是行业专家。为了展现自己的实力，小明常常在群里发一些长篇"干货"。然而，却很少有人回复。

后来，他意识到自己在微信沟通中缺乏亲和力。他决定改变策略，开始使用一些幽默的表情包，以及更友好的问候。他不再在群里发私人事务。他更加注重控制自己的语气，用更简洁明了的文字表达。渐渐地，他发现自己赢得了好感，大家变得更愿意与他交流，分享经验和见解。

微信没有"读心术"，想表达什么，只有发送的人最清楚。微信沟通是一门技巧，恰当的表情、有条理的语言、专业的礼仪以及适度的幽默，能让你在微信世界中建立良好人缘。所以，不要忽视礼貌和友善，通过微信传递积极情感，使每次沟通都成为愉悦的体验。

通过遵循这些微信沟通技巧，你能在职场和个人生活中建立更和谐的人际关系，保持高效且愉快的交流。要根据不同环境选择适当的沟通方式，保持良好的沟通礼仪，尊重他人的需求，这将有助于你在微信交往中获得好人缘。

06 高效记忆他人姓名

"在人们的心目中，自己的名字是最美好、最动听的事物。"

你毫不犹豫地叫出他人姓名，表现出了你对对方的关心，让他们感到被重视。相反，当你遇到一个面熟但忘记名字的人时，尴尬就会悄然而至。

更尴尬的是，当别人轻松地叫出你的名字时，你会感到愧疚，因为他们记住了你，而你却忘了他们。所以，学会记住他人名字并且善用它们，不仅会让你在社交场合中表现得更加出色，还能让人们对你留下深刻的印象。

对于每个人来说，名字都有着极其重要的意义。当我们被别人记住时，心情总是愉悦的。记住别人的名字也是一种社交礼仪，因此，懂得社交礼仪的人会努力记住他人的名字，这不仅是礼貌，更是尊重他人。

名字对每个人都至关重要。如果你希望建立良好的人际关系，让人愿意与你合作，甚至为你付出更多，那么请确保让他们感到自己受到重视。在谈话之前就记住对方的名字，甚至之前的对话内容，这种习惯在人际交往中很重要。

擅长与他人打交道的人通常都具备出色的识人和记人能力。即使只见过一次面，他们也能准确地说出别人的名字。他们卓越的沟通技巧，帮助他们在各个领域与他人建立了牢固的信任关系。

这种方法不仅在职场中实用，在与人交往的各个场合都能派上用场。它不仅让人们觉得受到尊重，还会帮助你成为一个出色的社交高手。

然而，尽管我们努力记住每个人的名字，生活中还是难免会出现忘记别人名字的情况。因为，天生具备记住别人名字能力的人并不多，大多数人需要通过后天有意识地培养来获得这一项技能。

戴尔·卡耐基曾说："一种既简单又最重要的获取好感的方法，就是牢记别人的姓名。"

如果碰到认识的人，一时之间想不起对方的名字，不要急于问："你叫什么名字？"这样的提问会让对方感到不悦，因为他们本来不会认为你忘记他们的名字，但提问提醒了他们这一点。这些情况可能在社交场合中发生，不要过于担心，尽量保持轻松、真诚的态度。

有一些记忆法，可以应对这些问题。

一、不断重复

记住对方的名字，最好是热情地说出来，这不仅是最基本的礼貌，更是社交场合值得使用的一个妙招。

当第一次听到别人的名字时，立即重复一遍。例如，如果对方说："我叫阿雅。"你可以回应："很高兴认识你，阿雅。"这种重复有助于加深记忆。第一次见面，在与对方的交流中尽量频繁地说出对方的名字。这不仅有助于你的记忆，还能让对方感受到尊重。如果你忘记了对方的名字，也应敢于问。因为下次见面说不出对方的名字更加尴尬。

二、故事联想法

记忆在于创造连接。将对方的名字与一个容易记住的关联词或者故事联系起来，也就是把他的名字变得可视化。

例如，如果你遇到一个名叫"张飞"的人，可以将他的名字与《三国演义》中的张飞联想记忆；如果认识一个名叫"李明"的人，可以将他的名字与"黎明"联系起来。通过联想的方式将对方的名字融入简短的故事或者有关联的人物或场景，记忆会更加深刻。

运用故事联想法记人名，把抽象的姓名和熟悉易懂的概念相结合，不管他的姓名多绕口，加以联想，就可以更轻松地记住别人的名字。

三、观察明显特征

注意对方的外貌特征或其他特征，然后与他们的名字相关联。在记对方名字的时候，可以去认真观察对方的穿着习惯、外貌特征等。例如，如果你初识一个女孩，她特别喜欢黄色，身上穿的都是黄色，不妨把她称为"小黄"，再联想她的姓氏。见面后尽快回忆"小黄"的完整名字，结合黄色和她的姓氏来巩固记忆。定期复习你记住的名字，以确保这些名字长久也不会忘记。

所以，在职场或日常社交中，记住对方的名字会让对方对你的印象加分。毕竟，被尊重是每个人的情感需求。当拥有记住别人名字的能力时，就踏出了社交成功的第一步。

第五章

提升表达力，
抓住发展新机遇

01　向上社交

在生活中，我们会遇到在各个领域做出优异成绩的人。面对比我们优秀的人，我们可能会忐忑不安，甚至有可能产生一种自卑情绪，但是我们不能回避与他们的交往。

我们总能从别人身上学习到一些东西。与一些优秀的人相处，你能得到支持和尊重，能在他们身上找到更多的力量。经验是珍贵的财富，与优秀的人交往，学习他们的成功或失败的经验，有利于我们激发自身潜力，实现自我价值。

一、向优秀的人学习

尽管优秀的人所在领域、年龄、性格、背景等各不相同，但他们有一定的共性，这些共性是推动他们做出优秀成绩的因素。

精细管理时间：优秀的人深知时间的珍贵，他们很少把时间浪费在无谓的琐事上。他们专注于高价值的目标，擅长巧妙安排时间，以更大地提高效率。

迅速处理信息：面对大量的信息输入，他们具备快速处理信息的能力。他们能够迅速判断和筛选出关键的信息，做出明智的决策，并立即付诸行动。

双商俱佳：优秀的人大多数情况下能够深入思考并解决复杂的问题。他们还具备高超的情商，擅长与人沟通交流，建立稳固的人际关系，为他们在事业中取得成就提供支持。

热爱生活：尽管工作繁忙，但他们同样不忘发现生活的乐趣。他们喜欢挑战自我，与所爱领域的专业人士交流竞技，通过丰富多彩的生活来平衡工作和生活，从而保持活力和创造力。

与优秀的人相处，也许能够获得更多的正能量，但无论和谁相处，人际交往的核心原则是真诚，无论是接受上级委派的任务，或者是有求于优秀的人，一定要敢于坦诚地表达自己的想法，并且真实地展现自己当前的处境，表达自己的需求和希望得到的支持。

二、与优秀的人沟通

优秀的人喜欢在聊天中发现美好，发现价值，拒绝将时间浪费在无效交流上。如果你也想提升自身的交往能力，在表达时需要注意以下几点，把握好尺度和分寸。

以这个场景为例：假设你在一次公众演讲中见到了一位仰慕已久的演讲嘉宾，如果想与他建立联系，应该怎么做？

首先要做的是让自己成为一个愿意让对方接受的人。

第一步：直接、真挚地表达欣赏

如果你渴望与对方建立联系，最好坦诚而直接地表达你对他的欣赏。对于这位你仰慕已久的演讲嘉宾，你可以说："我一直是您忠实的听众，您的演讲深深地启迪了我。今天能与您相遇实属荣幸。"

第二步：分享对方带给你的收获

与对方分享他的演讲如何启发了你，让你在工作和生活中获益匪浅。最好是可以列举出他曾经说过的哪句话带给你鼓舞和力量。把对方的成果、曾经说过的话、做过的事认真研究并且带着你的思考去请教，更容易让对方接受，毕竟谁也不会拒绝一个真正欣赏自己的人。

例如，你可以这样说："在您之前的演讲中，有一句话深深地触动了我，'成功是一段漫长的旅程，而不是瞬间的事情'。这句话一直在我的心头回荡，它教会我要有耐心，让我明白成就需要时间和不懈的努力。我开始更注重长期规划和目标设定，而不是寻求马上就能得到的成果。"

第三步：提出疑问或想法

可以提出一些与表达相关的想法或者建议，这体现出你对对方的工作感兴趣，并寻求互动。

第四步：表达期望

在交往之初，明确目标和期望是寻求职业指导、建立合作关系，还是其他方面的帮助？明确目标可以帮助你更有针对性地与对方建立联系。

例如，如果你想和对方学习更多有关演讲表达的经验技巧，可以说："我一直希望有机会与您更深入地交流，了解更多关于表达和演讲方面的技巧。如果您有时间和兴趣，我希望能在你的指导下不断进步。"

第五步：尊重对方意愿

社交不仅是自己的行为，还要关注对方。无论对方如何回应，都应该尊重他们的意愿。主动倾听对方的观点和建议，重视他们的意见。不管在任何场合，都应展现出对对方的尊重和感激，并表达希望与之建立联系的诚挚愿望。

此外，要确保在与对方交流时保持适当的礼貌和职业素养，以友善、尊重和真诚为原则。**请记住，真诚永远是人际交往的"必杀技"。**

有时过分的热情可能让人感到困扰或不自在。自然而然的交流更容易被接受。面对优秀的人，要自信大方、平等沟通，不要谄媚、唯唯诺诺。

同时，初次见面时，不要不分场合、不分地点喋喋不休，语言应简洁而富有逻辑，不需要长篇大论，但也不能毫无准备。请提前准备好交流的信息和问题，确保对话高效。准备的方法很简单，就是事先问问自己，此次沟通的目标是什么，然后自己演练一遍，开门见山地说，等到见面时就不会紧张而语无伦次。

说话不必一味追求语速的快慢，语速快容易让对方感到疲惫，语速慢又会让人走神，因而说话的节奏是关键。节奏应该有停顿、有连续、有急迫、有缓慢，舒服的节奏可以让对方始终处在愉悦的状态中。

也就是说，不要只顾自己说，不理会对方的反应和情绪，也不要断断续续。最好是说完一个句子，停顿一下，看看对方的反应，等对方表达完再继续，形成你来我往的舒适的交流模式。

在社交场合主动出击，展现自己的魅力和价值，获得更多肯定，让自己在社会上立足，助力自己的事业之路走得更快、更远。

02 社交场合的自如表达

你是否有这些常见的"社恐"表现：

到了一个新的环境，害怕认识新朋友，不敢主动和别人说话；

与人说话时，无论同性还是异性，总是不敢直视对方的眼睛；

和同事在上班的电梯里遇到，尴尬至极，感觉整个空间都充满紧张的气氛；

参加聚会，看着别人出口成章、侃侃而谈，自己却只能低头吃饭。

社交场合对许多人来说，常常充满了挑战。它让一些人感到紧张、不安甚至恐惧，那种拘谨和束缚感让他们在面对他人时，无法真正放松，在社交场景中总感觉喘不过气、被边缘化。

然而，社交场合却是生活中不可或缺的一部分，因此，克服社交恐惧症，培养自信，非常重要。从社交恐惧到落落大方，是一个需要积极努力的过程。通过一些简单的方法，你可以逐渐克服这种不安，变得更加自信、从容。

社交恐惧的根本原因通常是对他人审视和评价的恐惧。

从表面上看，社交恐惧的人似乎缺乏社交技巧，对自己的社交能力没有信心，担忧自己难以从容应对社交场合。

在陌生的环境中人们总是害怕自己表现不佳，担心被拒绝或嘲笑，但其实害怕的并不是面对他人，而是害怕外界对自己的评价使内心安全感和自我认同受到威胁。

很多时候，我们过分在意他人的评价和目光，担心自己的不完美被看穿，担心自己不够优秀，总想把最完美的一面呈现给别人。在这种情况下，即便别人并没有对我们品头论足，我们也会感觉自己处于被监视和审判的环境下。当我们试图去掩饰内心的紧张，试图打造一个完美的自己，我们的内心就会处于高度的戒备和紧绷的状态，不断地观察他人反应。我们无法认同内心深处的那个自己，害怕真实的自我暴露无遗。

需要明白的是，社交恐惧并不是你的错，每个人都有弱点和不安全感。学会接受自己，并明白社交恐惧并不会定义你的全部。尊重自己，相信自己有能力逐渐克服社交恐惧。

克服社交恐惧首先是要减少内心的戏剧化解读，拥抱和接受真实的自己。

当不再需要隐藏真实的自己时，也就不再害怕。这一过程并非为难自己，而是回归到真实的一面。当逐渐认识到真实自我的价值，并愿意以真实的面貌面对他人时，内心的恐惧就会逐渐消散。

因此，社交场合让你感到紧张和不安时，先去接受自己的紧张情绪，不要把它看作一种障碍，而是一种正常的反应。因此，解决社交恐惧不仅是战胜恐惧，更是一次面对真实自我的旅程。

自我暗示是战胜社交恐惧的强大工具，它可以在社交场合中提升自信和减轻不安感。

在参加社交活动之前，用积极的自我暗示来为心灵披上一层盔甲。对自己说："我有能力在社交场合中游刃有余，我拥有足够的能力与他人愉快交往。"这种积极的思维方式有助于培养自信，自信就是在这样的过程中逐渐建立的。

要相信自己，坚信自己有价值，能够为社交场合带来阳光和活力。避免自我怀疑和过分关注自己的不足之处。相信自己是有趣、有价值的人，能够与他人建立深刻的联系。

记住，自我暗示和积极的自我对话是克服社交恐惧的利剑，它们可以帮你建立更坚定的自信和更积极的社交心态。掌握了它们，社交场合将不再是心中难以逾越的大山，而是展现自我、享受交流的乐园。

如果你发现在社交场合中难以找到话题或自信表达，不妨从他人的经验中汲取智慧。

观察那些在社交场合中游刃有余的人,学习他们的姿态、谈话方式和话题选择,这可以作为建立和提高社交信心的一个很好的起点。随着时间的推移,你会塑造出自己独特的社交风格。

这种方法有助于你在社交互动中积累经验,减少紧张感,同时还能提升与他人的交流能力。要知道,每个人都是从零开始,打磨出自己独特的社交风格需要时间和实践。通过观察和学习,你可以逐步提升社交技巧,在社交场合更从容自信。

另外,在社交场合中选择话题要尽量避免争议性,多倾向于谈论共同兴趣和正面的话题,如兴趣爱好、工作、家庭或旅行等。这些话题通常是中性的,容易引发对方的共鸣,使谈话更加流畅自然。

在社交场合中赞美他人是建立积极关系的有效方法。赞美他人时需要注意细节,例如,可以夸奖对方的服装口味、独到的观点或者幽默感,还包括对方的品质和行为。

社交技巧是可以培养和提高的。积极参与各类社交活动,如加入兴趣小组或者与亲朋好友频繁互动等,是克服社交恐惧的关键。你可以逐渐扩大自己的社交圈子,从与朋友和家人聚会开始,逐渐过渡到小型社交活动,然后再挑战更大型的活动,逐渐扩大你的社交圈子。这种方法可以帮助你逐渐适应社交场合,减轻紧张感。

最后，放松和自我照顾也非常重要。社交恐惧可能会带来紧张和焦虑，我们平时还可以通过冥想、深呼吸、锻炼和其他放松技巧来缓解压力。确保在社交活动之前你已充分休息，精力充沛，这将有助于你更好地应对社交挑战。

请记住，克服社交恐惧是一个渐进的过程，不要对自己要求过高，也不要害怕失败。每一次的社交互动都是一个学习的机会，随着时间的推移，你会变得更加自信和从容。给予自己时间和耐心，相信自己的成长和变化。

小训练：

当你在社交场合无所适从时，以下一些提问可能会帮助你更自信地表达自己：

你最近有参加什么有趣的活动吗？

听说你最近去旅行了，有什么好玩的经历吗？

对于这个话题，你怎么看？

能否深入了解你的工作/兴趣爱好/家庭的事情？

我最近读了一本好书/看了一部有趣的电影，你有什么推荐吗？

你觉得这个城市最好的餐厅是哪家？

有什么有趣的新闻？

我听说你擅长某项技能，能分享下你的经验吗？

在工作/学习中，你遇到过哪些有趣的挑战？

你最喜欢的休闲活动是什么？

这些问题可以作为社交互动的良好开端，帮助你开启对话。同时，不要忘记倾听对方，主动交流，这将有助于你逐渐克服社交恐惧。

03 学会汇报工作

在职场中，工作汇报是展示自己专业素养的机会，也是与领导之间建立信任和赢得尊重的关键一环。然而，不是所有的工作汇报都能打动领导，有时候即使努力工作，但由于汇报不精准而错失了展示自己的机会。为了在职场中脱颖而出，职场人必须学会如何精准汇报工作。

以下情境中，或许有你现实工作中的影子：

平时做得挺好，汇报时却词不达意；

不知道汇报的详细程度是怎么样的，过于笼统怕领导听不明白，过于详细怕领导没耐心；

汇报结束之后，被问了各种问题，好像领导并没有认真听。

出现这样的情况，很大程度上是因为不了解领导对汇报的期望。流水账式的报告、言之无物的报告、不知所云的报告等是领导反感的。然而，有些职场人士在提交月度、周度或项目进度报告时，总是事无巨细地陈述。而这种面面俱到的表达方式，往往让领导抓不住重点。**事实上，大部分情况下，领导更关注的是，"现在有什么需要我立即决定的？""这个季度的销售、利润与预算做得如何？""和去年同期比是上升还是下降？""下个月或下个季度应该如何做得更好？"这样一些关键信息点。**

一次精准的工作汇报，应该提供有价值的信息。因此，在准备报告之前，应该先了解领导希望从报告中获得的信息，再有针对性地确定汇报内容。

在进行工作汇报之前，首先要明确领导对汇报的期望。不同的领导可能关注不同的信息，所以了解他们的需求非常重要。有些老板更注重业绩数据，而有些则更看重解决方案。

因此，想让领导对你的工作汇报用心倾听、入耳入心，首先必须明白一个道理：与其冗长地陈述细节，不如提供有价值、有针对性的信息。

工作汇报不应该是一份详尽无遗的报告，而应该是一个突出重点的摘要。重点有以下几个方面。

关键点一：精准传递关键信息

流水账式的报告，是每个领导都反感的。大部分情况下，领导所关注的无非是以下这些关键信息点：

事件陈述：将需要向领导反馈的事情进行简单明了陈

述，包括事情的起因、经过和结果等。陈述应有条不紊地展开，对于一些关键指标，如销售额、新客户数量等要量化表达。

数据对比：要想将数据表达清楚并让领导快速理解，就必须将数据与业务背景结合。所以在汇报工作时一定要将数据的变化呈现为趋势走向，得出对比结论等。除此之外，一些重要指标，如利润率、客户投诉率等更需要结合数据进行理性分析，一目了然。

汇报数据时，可以借助图片、PPT、表格等一系列办公工具来支持你呈现观点。

重要进展：这是让领导了解工作成绩的关键点。要避免空洞无物的泛泛而谈或充斥太多细节的流水账式陈述。尽量用简洁明了的语言来突出所取得的成绩和工作成果。同时，将这些成绩和成果与本部门或公司的整体发展目标相结合，展现你对整体战略的理解和对公司目标的贡献。

未来计划：针对未来工作计划或下一步工作安排，尽量给出切实可行且明确具体的意见或建议。最好结合数据和事实来阐述，帮助领导理解和把握重点所在，另外这些计划或建议必须是在充分了解领导意图的基础上提出的。

需要其支持之处：这部分是让领导了解你需要他如何帮助你。要展示工作成果，也要坦诚地说明在工作中遇到的困难和挑战，并且详细阐述所需的具体支持，如增加预算、协调客户关系等。这些要求必须是合理且必要的。

关键点二：为领导留出思考空间

给领导留出时间思考是确保工作汇报成功的关键步骤之一。很多职场人士在进行工作汇报时忽略了这个重要细节，未能为领导留出足够的思考时间。实际上，一个出色的工作汇报不仅要让领导全面了解工作成果、下一步计划以及需要他支持的方面等关键信息，还要考虑到领导可能需要一个思考过程，提出问题或发表意见。因此，在汇报工作时要合理安排时间，以确保领导有充足的机会认真思考和参与讨论。如果时间紧迫，还可以在汇报前提前分享相关资料，明确列出需要领导反馈的问题，以帮助他提前准备并更好地参与讨论。

关键点三：选择沟通方式

不同的沟通方式适用于不同的场合和目的。在给下属布置工作时，应该选择正式的沟通方式；而在进行团队建设时，可以选择非正式的沟通方式，以促进员工之间的互动。同样，也需要根据实际情况选择合适的汇报工作的方式，以确保沟通的有效性。通常情况下，可以采用以下两种沟通方式。

正式沟通：当你需要向领导报告重要的进展、问题，或者需要领导做出决策时，最好选择正式的沟通方式。例如，你可以准备一份详细的工作报告，提前发送给领导，以便他在沟通前有时间审阅。在正式的汇报中，要简明扼要地突出重点，并给领导预留足够的时间来理解并提出问题。

非正式沟通：非正式的沟通方式更适用于闲聊、分享想法和增进信任等。例如，你可以在休息时间或社交活动中与领导进行非正式的交谈，这种环境有助于拉近彼此的距离，营造开放的讨论环境，使一些在正式场合难以涉及的话题得以轻松探讨。

不论选择哪种沟通方式，都要确保信息清晰、准确，与沟通目标相符。避免使用模糊不清的语言，尽量运用数据和事实来支持你的陈述，同时要避免使用过多的专业术语，以确保领导能轻松理解你的意图。

关键点四：客观冷静

在工作汇报中，情绪控制至关重要。避免在汇报中表现出过于主观或情感化的语言，而要以客观、冷静的态度陈述事实和观点。无论是展示自己的成绩还是反馈问题，都尽量用事实和数据来支持你的陈述，而不是情绪化的言辞。此外，要接受并尊重领导的反馈和意见，不要因为不同意见而情绪化或争执。保持专业、冷静的态度有助于建立信任和良好的工作关系。

与领导交流时，表达自己的观点和看法的方式至关重要。以下是两个例子，示范了如何更有效地表达，避免情绪化和过于苛责的语气。

错误示范：领导，这个会议时间居然定在了十月一日，您有空吗？

这种表达方式可能让领导感受到负面情绪，并不专业。

正确示范：领导，这个会议安排在十月一日，根据您的日程安排，是否有时间参加？

这种表达方式更加中性，体现了对领导时间的尊重。再看另一个例子：

错误示范：领导，我觉得这个人工作态度有严重问题，能力又不强，各方面都不行。

这种表达方式过于直接和负面，可能会让领导感到不必要的压力。改进方式如下：

正确示范：领导，我对这个人的观察是，他在工作中可能存在一些改进的空间，例如工作时间观念不够强，但他也有一些积极的方面，比如在完成分内任务时非常严谨，并且在集体合作中展现出一定的团队意识。我相信通过适当的指导，他能够进一步提升。

这种表达方式不仅指出了问题，还提到了被评价者的一些优点，让领导可以更全面地了解情况。

总体来说，在与领导交流时，保持中性、客观，并尽量提供全面的信息，有助于建立积极的沟通氛围和增进相互之间的理解。避免情绪化和过于苛刻的语气，有助于建立更稳固的职场关系。

工作汇报是职场中不可或缺的一部分，一个精心准备、目的明确的汇报能够有效地展示你的工作成果并打动你的领导。明确目标、提供关键信息、预留思考空间和预设合适的沟通方式，这样一份简洁明了、重点突出、有数据支持和下一步计划的工作汇报才能打动领导。最后，避免流水账式的陈述，尽量用简洁明了的语言来表达你的观点，让老板能快速了解你的工作进展并给予你所需的支持。

小练习：

要提高工作汇报的精准性和对领导的吸引力，可以进行一些小练习来提升你的表达和沟通技巧。以下是一些小练习的建议。

简明扼要表达的训练：尝试在一分钟内用简洁明了的语言总结你的工作成果和进展，概括你的项目，突出关键信息。这有助于你在工作汇报中表达更加精准和清晰。

模拟汇报会议：找他人扮演领导的角色，模拟真实的汇报场景。在这个练习中，试着回答领导可能会提出的问题，例如进度更新、面临的挑战和下一步计划。这有助于你更好地准备工作汇报，在实际会议中表现更加自信和专业。

数据分析演练：如果你的工作涉及数据分析，练习解释和分析数据。尝试从数据中提炼关键信息，并将其以清晰的方式呈现给他人。

反馈和改进：邀请他人听你的工作汇报，然后提供反馈。询问他们是否明确你的要点，是否认为汇报内容精准，以及是否有改进建议。反馈可以帮助你识别和纠正可能存在的问题。

自我录音评估：使用录音设备记录你的工作汇报，然后仔细听录音并自我评估。这有助于你发现自己在表达和语气等方面的问题，并找到改进方法。

通过这些小练习，你可以逐渐提高工作汇报的质量，增强表达能力，使自己更具信心，顺畅地与领导沟通。

04 主持年会，三招掌控全场

无论是公司内部聚会、行业大会还是特别活动，主持是确保各类年会成功的核心。年会主持者在确保会议顺利进行、保持与参与者的互动以及传达会议主题和目标方面发挥着至关重要的作用。然而，年会主持既令人兴奋又充满挑战，要想在舞台上游刃有余并掌控全场，需要一定的技巧和充分的准备。在这一小节中，将分享一些对于新手主持人来说极为关键的技巧。这些技巧将帮助你在年会舞台上展现卓越风采，充满自信。

从化妆和穿着，到主持稿的撰写和上下台技巧，都需要认真考虑。那么，如何才能够完美、顺利地主持一场活动呢？

以下三个关键技巧，助你成为一个出色的年会主持人。

一、充分准备

要想成为一个优秀的年会主持人，充分准备至关重要。首先，要了解年会的主题、目标以及参与者，提前做好各方面的准备，以便现场互动更加流畅，气氛更加热烈。

准备工作对于成功主持年会至关重要，为年会的顺利进行打下了坚实的基础。本部分将深入探讨准备工作的各个环节，确保每一步都有条不紊。

1. 确定年会主题和目标

明确年会主题和目标至关重要，这是年会的核心。主题应该与受众、行业和公司的目标相契合。例如，明确年会的目标是激发与会者的热情、传达关键信息、促进互动交流，还是推动特定计划。明晰的主题和目标将有助于年会的整体策划和执行。

2. 深入挖掘年会话题和议程细节。

了解行业趋势、公司成就、特别嘉宾的背景信息及趣闻，将帮助你在主持过程中轻松引入话题，向观众展现你作为专业人士的底蕴。最重要的是，熟悉年会的日程安排和流程。了解每个环节的时间安排和重要细节，可以高效地引导整个活动。

3. 制定详尽的时间表

制定时间表和议程是确保年会顺利进行的基础步骤。主持人要清晰准确地了解当天的流程，明确每个活动和节目的开始和结束时间，以及休息和用餐时间等。此外，每个活动的详细内容，如演讲者的信息、讨论主题、演讲时间、节目的时间等都要详细了解。

4．提前测试设备

主持人一定要在开场前与音响技术人员测试当天的各项设备，确保准备和调试充分，避免年会当天出现技术故障。特别是要调试好适合自己声音的麦克风并标记清楚，否则可能在年会当天因为麦克风故障影响主持状态。此外，提前了解是否有节目需要特定的技术支持，如视频展示或幻灯片演示，也是确保年会顺利进行的关键步骤。

5．搭建沟通桥梁

如果条件允许，可以提前与演讲者或参与者取得联系，确保他们了解自己的角色和时间表，并提供给他们所需的材料和信息。通过良好的沟通，可以确保每个参与者都明确自己的任务，为年会顺利进行打下基础。

6．准备应对潜在问题

准备应对突发和潜在问题是不能跳过的一个环节。年会中难免会出现不可预测的问题，如临时取消节目、技术故障等。要提前制订应急计划，确保知道如何迅速、有效地应对这些问题，以减少干扰和延误，确保年会顺利进行。

7．熟悉主持稿和流程

对于主持人，尤其是新手主持人，充分准备主持稿至关重要。要深入了解各个部门员工的姓名、岗位和职责，确保与参与者进行有效沟通。

要不断总结自己在每场活动中的不足之处，分析哪些方面需要改进，持续自我反思和总结。务必有针对性地改进，无论是改善口音还是优化互动方式，明确需要改进的环节，深入剖析不足。通过避免重复犯同样的错误和持续的自我反思来更快地提升自己的主持能力。

认真的准备工作，可以确保年会顺利进行，并为接下来的环节创造一个良好的基础，是成功主持年会的第一步。还能让你在舞台上更加自信，充分展现自己的主持才华，为大家带来一场视听盛宴。

二、精湛表达

年会主持人的工作不仅是引导活动、烘托氛围，更重要的是让现场所有的观众有参与感，与观众建立情感联系。一个优秀的年会主持人不仅需要周密的准备工作，还需要精湛的表达技巧。在这一部分，将探讨三个对年会主持人至关重要的关键表达技巧。

1. 镇定自若

自信是成功的年会主持者的必备要素。当你踏上舞台时，确保自己的声音稳定、吐字清晰，展现一种坚定和自信的气质。自信有助于克服舞台恐惧，让你在观众面前谈笑自如。

要模拟年会场景，多次演练，查漏补缺，不断优化、熟悉流程，增强信心。在上台之前，深呼吸可以帮助你放松和减轻紧张感。同时告诉自己已经准备就绪，是最适合的主持者，积极的心理暗示有助于增添自信。

好的开始就是成功的一半，一个精彩的开场能够迅速吸引观众的注意力，他们的掌声会让你更有勇气和信心主持下去。

在年会的主持过程中，难免会出现紧急情况和不可预见的事件，如技术故障、参与者缺席或其他问题。提前做好一切准备，确保知道如何处理这些问题。保持冷静，方能沉着应对。同时你也可以准备一些多场景适用的话，背诵下来，以备不时之需。

2. 口头表达和肢体语言完美融合

清晰而有力的口头表达能力是一个成功的年会主持者必须具备的。确保发音清晰，语速适中，语言生动有力。讲话速度不宜过快，要让观众能够跟上主持人的节奏和思路。当涉及专业术语或名词时，可以通过加重发音或放慢语速加以强调。根据内容的变化适当调节音调可以使话语更具吸引力和感染力。

此外，肢体语言也是表达的一部分。肢体语言应与语言相一致，营造自信和专业的形象。站姿、手势以及眼神接触都无声地向观众传递着信息。确保肢体语言与讲话相协调，增强说服力。

3. 打造魅力年会

幽默和故事讲述让年会更有趣。幽默可以活跃气氛，让观众更容易与你产生共鸣。故事讲述可以生动地表达观点。以下是一些技巧：

幽默"量身定做"： 幽默需要谨慎使用。确保选择的内容贴近观众，符合场合需求，避免使用可能冒犯他人或不合时宜的笑话。同时，要考虑观众的文化背景、价值观和年龄层次，以确保幽默能够被接受。

分享个人故事： 与观众分享一些个人经历或有趣的故事，可以让主持人拉近与观众的距离，建立信任感。这些故事将成为连接主持人与观众的桥梁，使他们在情感上与主持人更亲近。

与观众互动： 在主持过程中，鼓励观众提问和参与。对观众的问题和回答表示感谢，让他们感到被重视。积极回应每个参与者，增加观众的参与感。

通过巧妙运用幽默和故事讲述，打造出更加吸引人、互动性强的年会。这些技巧可以提升主持人的魅力，为年会增添光彩，确保每位观众都能度过一段愉快的时光。

三、做好形象管理

主持人的形象气质是至关重要的，从气质、服饰到妆造都要展现出协调性和专业性。不仅要考虑自己的穿搭是否美观，更要确保与主题、背景色、搭档服饰相协调。服装和造型的选择要体现专业性，服饰的色彩要根据本次活动主背景板的颜色确定，如果有搭档，还要考虑对方的服饰颜色和风格，选择合适的服装进行搭配。女士的妆容尽量让专业人士打造，得体的妆造会让你在舞台上更自信。

主持人的主持风格，也需要根据活动性质的不同而有所区分，大型集团年会、小型公司年会、部门年会，参与人数和氛围等因素决定着你与观众的交流基调。语速不要过快，主持人要让观众知道下个节目的名称和内容，并且过快语速也会显得不专业和紧张。

年会的结束和总结虽然是活动的收尾，但也不容忽视。可以用铿锵有力的语气再次强调活动的亮点和重要信息，同时不要忘记感谢所有的参与者，包括演出者、观众和工作人员。

年会主持是一项挑战，但也是提升个人技能的绝佳机会。通过充分的准备、精湛的表达技巧和让人记忆深刻的形象管理，可以成为一个出色的年会主持人。无论是新手还是经验丰富者，这些技巧都可以帮助你更好地主持年会。在职场和个人发展中，这些技能也将帮助你更好地与他人沟通和协作。

小贴士：

以下是一些应用范围相对广泛的串场词，可以提前背下来，以备不时之需。

——没有理所当然的成功，也没有毫无道理的平庸。在别人懈怠时努力拼搏，在别人放弃时逆流而上，每一点积累都会成为一次新的蜕变。

——努力很难，但永远要记住，如果不努力，就会一直很难。造船的目的从来不是停在港湾而是冲击风浪。

——不是所有鲜花都盛开在春天，不是所有河流都流向大海。鲜花盛开在四季，河流流向八荒，只要热爱，山海皆可平，无处不风景。

——平和地接纳，不屈地奋斗，坚定地前行，如一泓清泉。静水流深，并不汹涌澎湃，却能磋磨岩石锋利的尖角，把困难揉碎，长成属于自己的力量。

——但愿以后抬头有阳光，关关难过关关过，夜夜难熬夜夜熬。

——从当下这一刻起，拒绝内耗，做行动的巨人。只因命运不会偏袒任何人，却会眷顾一直朝着光亮前进的人。

——博观而约取，厚积而薄发。回首过去，我们思绪纷飞，感慨万千；立足今日，我们胸有成竹，信心百倍；展望未来，我们引吭高歌，一路欢笑。

——初心的产生也许很简单，但它的完成却是一个很艰苦而且很漫长的过程。希望我们每一个人都能保持初心，勇往前行。

——与其焦虑，不如努力；保持热情，保持前行。很少有横空出世的幸运，更多的是不为人知的努力。行动，才不会让梦想止步于空想。当觉得累的时候，也许，你正在走上坡路！

05　职场中的高效沟通

　　无论是并肩作战的同事，还是指引方向的上级，抑或是提供支持的下级，我们都需要与他们沟通交流、相互协调。然而，众多职场人士在追求工作成果时，却往往忽视了这个舞台上最为关键的技能——沟通。

　　在职场中，所有的言行举止，可能成为成功的推手，也可能成为失败的源头。一个善意的微笑，可以化解紧张的气氛；一个关怀的问候，可以拉近彼此的距离；一个明智的建议，可以提升团队的效率。同样，一次无心的冒犯，可能引发团队的矛盾；一句冷酷的言辞，可能割断与他人的信任；一个轻率的决定，可能让你错失良机。

　　那么，如何以言行成就职场生涯呢？这一小节将带领大家一起探究。

　　沟通方式是职场成功的重要基石。精湛的沟通技巧不仅能够帮助职场人士更好地表达自己的观点和想法，提高工作效率和质量，还能加深同事之间的关系，促进团队协作。在实际工作中，可以通过以下方式提高自己的职场沟通能力。

一、职场沟通语言：清晰、简洁、高效

为了确保信息迅速且准确地传达，避免使用过于复杂的词汇或专业术语，以免同事产生困惑。尽可能用简洁明了的语言表达自己的想法，说出来之前，在头脑中列清要点，让对方更易接受你所想表达的，从而更好地协作，与对方共同解决问题。

举例来说，假设你是团队的一员，需要提出一项改进方案。你可以说："我认为我们可以优化流程，减少项目延误，提高生产力。"这种表达方式直接明了，容易让团队成员理解并接受。

相反，如果你使用复杂的词汇和长句子，比如，"我建议我们应该对我们的工作流程进行一项深度的重构，以便提高项目的时效性，从而减少生产瓶颈并增加效率"。这种表达方式可能会让其他人感到困惑，甚至需要更多的时间来理解。

因此，在职场沟通中，要时刻牢记使用清晰简洁的语言进行沟通，确保你的信息能够被有效传达。这不仅可以避免混淆和误解，还能提高团队协作的效率。

二、学会倾听

职场沟通并非单向的信息传递，是一个双向的过程，需

要我们相互倾听、相互理解。当同事或者领导发表观点时，应当保持专注，不要打断对方或者过早地表达自己的看法。在职场中我们应该多倾听他人的想法，不仅可以增强对他人的理解，更可以借此建立良好的人际关系。

职场沟通不仅是信息的传递，更是情感的交流和人际关系的建立。倾听时有几点需要注意。

专注：倾听他人时应该全神贯注，不应该分心做其他事，比如看手机或东张西望，那样会显得不尊重对方，而且也容易错过一些重要信息。倾听时可以看着对方的眼睛，告诉对方你在认真地听他说话，对方的表达也能够更加充分和投入。

给予回应：在对方表达的过程中，可以时不时给予一些回应，比如点头、说"嗯""好的""没错""是这样的"，来表达我们的共情和认同。

避免插嘴：不要打断对方的谈话，特别是不要抢话、喋喋不休地表达自己的观点，尤其是对方主动找你沟通的时候，应该让对方充分表达他的观点再适当发表自己的观点。

我们的耳朵是通向心灵的道路。当用心去倾听他人时，不仅能够获取更多的信息和知识，还能够收获更多的友谊和信任。让我们在职场中用心倾听、相互理解，共同创造一个和谐、高效的工作环境。

三、积极反馈

无论在职场还是生活中，常常会收到他人的建议和指导，积极给予反馈是必要的。这不仅体现了对对方的尊重，还能更好地与他人交流。当他人提出建议时，不应该只是默默接受或者简单地回答"好的"，而是应该明确地表达自己的看法。这并不是去争论或者争吵，而是有建设性地进行沟通，让对方了解我们的想法和态度。如果不把自己的想法表达出来，别人就无法了解我们的真实想法和态度。

积极给予反馈是建立高效团队和良好人际关系的关键。无论是在职场还是生活中，都应该积极表达自己的看法，与他人进行真诚的交流，可以更好地理解对方的意图和想法。这种做法不仅有助于建立更和谐的人际关系，还可以帮助我们更好地实现个人目标。因此，我们应该在职场和生活中积极给予反馈，与他人进行更有效的沟通。

四、建立职场信任关系

"人无信不立"，诚信是构筑信任的基石。在职场中，信任关系的建立是一场需要耐心和智慧的持久战。诚信就如同建筑的地基，它决定了我们是否能站得稳、立得牢。

在团队中，建立信任关系从认识和尊重差异开始，尊重和理解是建立信任的桥梁。每个人都有独特的个性和特点，我们要学会欣赏他人的不同，尊重他们的差异，包容不同的观点和思维方式。"海纳百川，有容乃大"，或许你不喜欢的，正是你不擅长的，而这也可能是团队最需要的。

没有完美的个人，但有完美的团队，因为完美的团队可能通过相互协作而实现。切记不要用某人的"长处"去衡量其他人的"短板"。当你开始思考并认同团队成员的差异时，"尊重"的种子便开始生根。

责任感是建立团队信任的关键。在团队中，必须勇于承担责任，敢于直面问题。在面临困难和压力时，不能轻易放弃或妥协，更不能采用欺骗或撒谎的方式来解决问题。对自己的工作成果负责，必须以坚定的信念去履行自己的承诺和义务。遇到问题时，积极接受和改进。只有这样，才能建立坚实的信任关系，赢得同事和领导的尊重和信任，他们也会更愿意与我们合作。

此外，在工作中，还应该注重细节和品质，积极主动地与他人沟通交流，表达自己的真实想法和感受，来增进彼此之间的了解和信任。

通过长期的努力和坚持，可以建立良好的信任关系，赢得同事的信任和尊重。建立信任是一项至关重要的能力，但很多人未能意识到它的重要性。只有建立了信任关系，才能在激烈的职场竞争中获得更多的机会和支持，从而拓展自己的职业发展道路。

在职业生涯中，建立高效的职场关系是至关重要的。以下是几个关键策略，可以帮助你在职场中脱颖而出：

持续学习，自我提升。职场竞争非常激烈，只有不断学习和提升自己的专业知识和技能，才能在竞争中脱颖而出。只有自我充实，才能拓展自己的职业发展道路。

构建人际关系网络。在职场中，人际关系网络对于个人的职业发展至关重要。通过与各领域的专业人才建立联系，可以为自己争取更多的机会和支持。"一个人可以走得更快，但一群人可以走得更远。"与各领域人才建立良好的关系，将助你在职场中走得更远。

把握机会，勇于挑战。在职场中，要敢于抓住机遇。通过不断拓展工作范围和深度，提升自己的综合能力，拓展职业发展空间。"机会总是留给有准备的人"，只有敢于挑战，才能在职场中赢得更多的机会。

保持良好沟通与协作。在职场中，与领导和同事保持良好的沟通与合作是至关重要的。通过积极的沟通和协作，可以建立高效的职场关系，提高工作效率和质量。团队合作是成功的关键。保持良好的沟通和合作，将有助于你在职场中更上一层楼。

建立高效职场关系的关键在于良好的沟通方式、信任关系的建立以及拓展职业发展道路。成功在于细节。只有在细节上追求卓越，才能成为职场中的佼佼者。细致入微的沟通、坚实的信任基础以及坚定的职业发展策略，将是通向更加辉煌的职业生涯道路上的坚实台阶。因此，我们应当深信不疑，每一个小细节都是成功的基石。让我们脚踏实地，迈向更加辉煌的职业生涯！

小贴士：

在职场中，每个人的时间与精力都是极其宝贵的。以下八种沟通技巧，如同"锦囊妙计"，可以帮助你与他人保持良好的沟通，实现高效工作。

——迅速回复"我马上处理"，这表明你会迅速采取行动，体现了你的敬业精神和责任感。

——用"我们似乎碰到一些状况"这个短语来委婉地指出问题或挑战，避免了直接的冲突。

——用"嗯，你的主意真不错"积极回应他人的建议，鼓励积极的互动和激发创造性的讨论。

——用"我也想了解一下你对这件事情的想法"表明你重视他人的意见，有助于建立互信。

——坦诚地说出"是我的一时疏忽，不过幸好……"承认错误，同时也强调问题的解决，展现你解决问题的能力。

——用"让我再认真想一想，在十点之前我会给您回复好吗"展现你对问题的认真思考，同时设定了明确的回复时间。

——用"谢谢你告诉我，我会仔细考虑你的建议"体现你对他人的尊重，将认真考虑他的建议，有助于建立积极的合作关系。

——当你与他人交流关键信息时，用"让我核对一下，确保我们的理解一致"确保双方对信息的理解一致。

这些技巧可以帮助你更好地应对不同的沟通情境，建立信任，避免冲突。记住，良好的沟通是职场成功的关键。

第六章

自信表达，
开启多元化财富增长之路

01　自信表达，打造个人品牌护城河

在当今时代，我们必须找到个人的独特之处，打磨个人品牌，方能在竞争中脱颖而出，在职场上稳固立足。这就需要寻找个人成长生涯的护城河。这护城河可以是我们的专业技能、经验积累、人际网络，以及对新技术和市场趋势的敏感度。通过差异化的建设，我们能够增强在职场上的竞争力，保障自己在不同阶段都有持续发展的机会。

在超级个体时代，个人品牌成为事业成功的关键。只有凸显自己的独特性，才能在职场竞争中脱颖而出，在职场上屹立不倒。

什么是个人品牌？

个人品牌简言之，就是一个人在人们心目中的独特标识，是如何在别人心中塑造自己的形象，以及别人提及时所产生的印象。它源于日常穿着、言行举止、语言表达和与他人共事的风格，是一个深受个性影响的标志。这个标志对于个体而言，是一种独特的辨识符号，让人只说出几个关键词，就能迅速辨认出是这个人。

个人品牌无处不在，它可以是你的能力、价值、口碑甚至你的形象。我们可以通过精心打造个人品牌，为自己的职业生涯建立坚实的护城河，吸引更多机会和资源。

如今，越来越多的人通过打造个人品牌实现了创业的逆袭。在所专注的领域拥有强大的个人品牌影响力，将会成倍放大你的专业技能，源源不断吸引追随者，不断提升行业影响力。这或许是职场逆袭的一条独特路径。

拥有强大的个人品牌影响力不仅是职场逆袭的解药，也是创业逆袭的利器。通过打造独特的品牌形象，你能够在同质化严重的竞争中脱颖而出。个人品牌不仅是一张名片，更是一个综合、立体的形象，你的专业技能、个性特点、人际关系和对社会的价值贡献等，也是你给他人留下的强烈记忆点。

在这个超级个体时代如何搭建自己的个人品牌护城河？给大家分享三个关键点。

一、明确个人定位

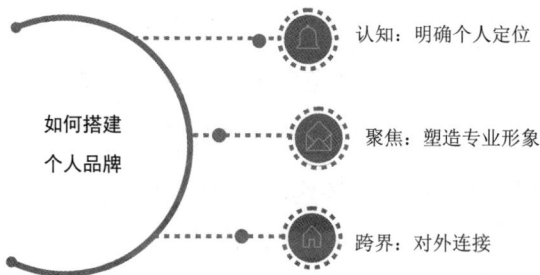

如何搭建个人品牌

认知：明确个人定位

聚焦：塑造专业形象

跨界：对外连接

在构建个人品牌之前，深入探索和思考是必不可少的，这有助于深度了解自己的个体优势和不足之处。通过自我认知，明确自己在哪些领域具有专长，将自己视为一种不同寻常的"产品"，持续打磨和迭代这些专长。深度挖掘自己的独特之处，包括核心价值观、专业能力、工作风格和个性特点，确保在不同场合所展现出的形象是真实且自洽的。

擅长什么？

仔细审视在工作中所擅长的领域，是否有特别突出的技能或经验。

回顾以往的工作经历，思考在哪些方面表现出色且易得到认可。

不局限于工作，生活经历也是个人品牌的重要组成部分。有独特的生活经历能够为你的品牌增色。

是否有与生俱来的天赋，比如优秀的沟通能力、创造性思维或者领导才能。

喜欢什么？

找到真正热爱的领域，而不是盲目追求热门趋势。

只有内心真正热爱的事物，才能让我们持之以恒，愿意投入时间和精力深入研究。

同时，还要思考是否愿意为之努力。只有在真正愿意投入的领域，才能持续不断地自我打磨和提升。

想给什么人提供什么价值？

确定目标受众是谁，是专业人士、学生群体还是普通消费者。

思考能够为目标受众提供什么价值，是解决问题、提供新颖见解还是创造美好体验。

如果有产品或服务，明确它们的独特卖点和解决的问题。如果尚未有，思考可以创造什么样的产品或服务来满足目标受众的需求。

回答这三个关键问题，能更清晰地了解自己的特长、热爱的领域以及可以为何人提供什么价值，从而为构建个人品牌奠定坚实基础。

二、塑造专业形象

专业形象就是个人在市场上的标志。能力、经验和独特之处构成了这种独特的市场标志，让你在众多职业人士中脱颖而出。这种标志性的专业形象将成为你事业道路上最具吸引力的资产。

在职业生涯中，塑造并维护良好的个人形象至关重要。这不仅涵盖了仪容仪表，还涉及言行举止等方面，确保外在形象与所追求的职业标准相契合。

形象往往先于能力被人们所认知。形象好，更容易"被看见"，一个良好的形象更容易吸引他人的目光，展现信任和可靠。

因此，在社交媒体上精心打造专业形象，包括头像和简介，充分展示个性和专业风采。个人形象在职场中的价值不言而喻，让自己成为一个值得他人信任和依赖的品牌。

定期更新职业平台信息，用关键词凸显你的专业领域、个人成就和关键能力。让他人在提到你的名字时，联想到你在工作中的卓越表现、创新思维，或者你的领导力和团队协作能力等。

三、培养跨界思维

在社交媒体时代，跨界能力已经成为打造个人品牌的核心竞争力，它如同一道坚实的护城河。不应局限于特定行业，而应大胆探索、融合来自不同领域的思维和经验，从而激发前所未有的创新潜力。

通过拓宽对各行业的认知，丰富自己的思维体系。摒弃守旧思维，敢于在适当的场合自我推广，通过文字、直播或演讲等方式分享深刻独到的见解，展现个人的专业知识和深度思考的能力。这不仅有助于在行业内树立个人声望，还能提升个人品牌的信誉。

构建个人品牌的道路充满艰辛，但只要遵循正确的方法，便能实现从一到十的飞跃。**成功的关键在于既要创新，又要守正，更需要深耕细作。每个人都拥有自己独一无二的**

价值和专长，关键在于找到方向，然后持续聚焦，高质量深耕。与时间为伴，等待复利价值回报。下面分享几条打造个人品牌的心得体会。

1. 克制与聚焦

成功的关键并非不断地追求数量，而是学会克制，做好减法。与其贪婪地追求广度，不如聚焦深度，思考自己究竟能为他人带来什么独特的价值。

对自己要严格要求，敬畏知识，精心打磨每一个细节，而不是盲目追求短暂的成就。贪婪是成功最大的敌人，一时冲动可能让你功亏一篑。与其不断地做加法，不如审慎地做减法，只保留真正有价值的部分，让个人品牌更加鲜明和突出。

2. 价值导向与人性洞察

人有追求价值的一面。在打造个人品牌的过程中，时刻思考你所创造的价值，关注自己能为他人带来什么。个人品牌的吸引力来自它的实质价值，而不是表面的光环。深入洞察人性，理解人们的真正需求，以此为导向，让个人品牌更贴人心。

3. 不必取悦所有人

不必过分在意所有人的认可。个人品牌无法满足所有人的口味，因为每个人的喜好有所不同。更重要的是聚焦于那些真正认同你、欣赏你独特价值的人，并专注于为他们提供价值，而非浪费精力迎合所有人的喜好。

4．重视朋友圈

朋友圈不仅是社交媒体的小角落，更是打造个人品牌的主战场。通过发视频、图片、文字，能在这个低门槛的平台上获取即时的反馈。它是展示多维自我的绝佳舞台，让你的个人品牌形象更加鲜活和立体。

朋友圈的另一大优势是能够及时获得他人的反馈。这种即时互动能够更快了解观众对个人品牌的看法，从而根据反馈及时调整策略，不断优化个人形象的展示方式。在这个平台上建立互动关系有助于巩固个人品牌形象，提高关注度，为你的品牌带来更多影响力。

5．做时间的朋友

朋友圈是个人品牌的主战场，也是多维度展示自己的绝佳平台。与时间为友，运用复利思维，每一次努力、每一次经历都是时间积累的宝贵财富，让个人品牌在时间的河流中蓄势待发，这些都将成为个人品牌的优势，增强你的竞争力。

"真正难走的路从不拥挤。"选择一条不同寻常的道路，勇敢跨越行业边界，将个人价值与其他领域融合，打破常规，你的个人品牌将展现出独特而耀眼的光彩。

02 "言值" 不能少

"言值" 与 "颜值" 相对应，却与其内涵迥异，**"言值" 是对一个人语言表达能力高低的评判。**也就是说，一个人的 "言值" 反映着他的内在修养、文化水平与思想境界，拥有极高的后天可塑性。"言值" 的高低往往决定了我们的影响力和说服力。

那么我们又应该如何正确认识自己的 "言值"，并通过后天努力对其进行提高和改善呢？

有些人觉得 "颜值" 在职场和人际关系中十分重要，但专业知识和个性特质更为重要。外表只是第一印象的一部分，真正深入了解一个人需要更多的时间，才能看到其内在素质。

人们追求的不仅是外在的光环，更是内在实力的提升。有趣的灵魂和深厚的人个素养，才是保持个人魅力的关键所在。因此，我们更应该注重个人修养、专业素质和人格魅力的培养，以实现真正的自我提升。多读书、多交流、多历练，不断修炼内在，这样才能在职场和人际交往中赢得更多的认可和尊重。

如果说"颜值"是打开人际关系大门的敲门砖，那么"言值"则是人际关系的实力项。"言值"，说话看似简单却复杂，背后蕴含着巨大的价值。

有"言值"的人，懂得在对的场合说对的话，没有"言值"的人，可能会令场面陷入尴尬。正如柏拉图所说："智者说话，是因为他们有话要说；愚者说话，则是因为他们想说。"良言一句三冬暖，恶语一句六月寒。一句话，可以让你结交一位挚友，也能让你与他人交恶。可见，"言值"是日常人际交往的重要影响因素，而人际交往则是事业与生活成功的基石。

善于倾听、言之有物、正面表达等都是提高表达能力的关键。提升"言值"，可以从以下几点入手。

1. 掌握分寸感

言语的魅力不在于多而在于精，一个人的修养往往通过其"言值"体现。

在交流中知道何时开始、何时结束至关重要。保持谨言慎行，避免使用粗俗的语言，以礼貌的方式与他人交流，有助于建立和谐的沟通氛围。要注意不能触碰他人的底线，在话说出口之前，要认真考虑是否会冒犯对方。如果触碰到敏感话题，及时道歉纠正错误。

当涉及自己感兴趣的话题时，要观察对方的面部表情等反应。如果对方开始频繁做小动作，务必注意及时停止自己的话题。精通表达、懂得适时保持沉默或转换话题的人，在任何场合都更容易受到欢迎。

2．以委婉的方式沟通

直言不讳的人可能只关注自己的感受，而忽略了听话人的立场、观点等。

因此，批评他人的行为或者表达其他意见时，应该尽量避免直接指责，而是侧重于描述事情的不当之处。避免批评个人，注重对方的立场和感受，侧重于改进而非指责，这有助于得到他人的理解和接受，建立更积极的沟通氛围。

3．精准表达

清晰、简洁的表达是高效沟通的关键。讲话前务必明确关键信息，用简洁的语言表达要点，确保每句话都切中要害，让人一听便知。

4．减少语气助词

有人在交流时经常使用"嗯""啊"等语气助词，这可能会给人不专业、不自信的印象。如果你也有这个习惯，建议利用录音软件记录自己的表达，反复听，减少过多的"嗯""啊""吧"等不必要的用词。

5．保持开放心态

保持开放的心态也是至关重要的。有些人倾向于在别人发言后立即否定，否定的习惯容易让对方感到反感。我们应该尊重他人的意见，避免过于强烈的否定，试着理解和接纳不同的意见。因此，在表达时，要保持对他人的尊重和理解，营造平等的沟通氛围。

以下是五条"言值"修炼秘诀：

（1）学会共情，尊重多元；

（2）言简意赅，避免冗长；

（3）慎言慎语，三思而行；

（4）真情实意，建立信任；

（5）内容创新，用心创造。

思考：

_____

_____

_____

03 用表达力撬动更大人际力量

人际关系对个人成长和发展有重要影响。人际关系是我们获取知识和资源的重要渠道。通过与不同背景和专业领域的人建立联系，我们可以从他们的经验和见解中获取有价值的信息和建议，扩展我们的视野和思维方式。我们应该重视人际关系的塑造和维护，学会与人交往，建立积极、健康的人际关系。那么怎样通过表达与他人塑造更好的人际关系呢？

1. 高情商表达

高情商的表达能力在竞争激烈的环境中就像一把利器。清晰、有力且为他人着想的表达不仅展现你的自信和吸引力，还能赢得更多的人际资源。

以下是高情商表达的三个小技巧。

（1）与陌生人迅速破冰

面对陌生人时，克服胆怯是关键。勇敢迈出第一步，一个贴心的开场白对消除陌生感是至关重要的。

用轻松的话题打开话匣子。这样的开场白不仅展现了自己愿意接纳对方的态度，还让对方感到轻松和愉快。比如说："嗨，你好！我觉得你是一个有趣的人，想和你聊聊。你觉得这个地方怎么样？"

寻找共同点，拉近关系。在对话中寻找共同点，例如学校、兴趣爱好、地域特色等，能够迅速拉近关系。比如说："听说你也是××大学的校友？我也是！真是太巧了。你最近有回学校看看吗？"

寻找共鸣，深化交流。提及相似的兴趣、经历或共同目标，让彼此有更多深入交流的机会。例如，询问对方的兴趣爱好："我最近迷上了漫画，你有没有喜欢的漫画师或者漫画小说推荐？"

创造轻松氛围，避免过于严肃。在交流中创造和保持轻松自然的氛围，避免过于严肃的话题。比如说："你知道吗？我最近在尝试学烘焙，结果每次都把厨房弄得一团糟。"

与陌生人打交道，良好的"破冰"不仅可以打破隔阂，更能拉近彼此的距离。这种表达方式既展现了自信，还能让对方感到被重视和理解。

（2）主动寒暄

与熟悉的人一定要主动保持联系，不要被动等待他人的问候，要主动出击。比如说："嗨，好久不见！最近过得怎么样？有没有什么新鲜事想分享？"**谈论共同的话题和经**

历，如昔日的共同时光，或共同的同事或朋友。"想起我们以前一起工作的日子，真是有趣。你最近还在从事类似的工作吗？"

通过这种方式，不仅表现出对对方的关心，还能够营造轻松的氛围，让交流更加自然愉快。这种高情商的寒暄方式有助于保持良好的人际关系。

（3）引发对方兴趣，做积极的倾听者

通过巧妙的问题或话题引起对方的兴趣，确保交流不枯燥。 比如说："最近我发现了一家新开的咖啡店，里面的拿铁真的很赞。你喜欢喝咖啡吗？有没有什么新发现或者喜欢的饮品？"

同时，成为一个积极的倾听者，关注对方说话的内容，表现出对对方的真实关心， 如："哇，你的新项目听起来好有趣！能告诉我更多你最近的工作吗？我真的很感兴趣。"

控制好交流的时间，保持在3～5分钟为宜，避免让对方感到冗长和不适。结束时可以说："耽误你的时间了，我知道你很忙。我们聊得太投入了，差点忘了时间。下次再聊吧！"这样的表达方式既能营造轻松愉快的氛围，又展现了对对方的关心、体贴和尊重，有助于保持良好的人际关系。

2. 挖掘自身优势，扩展人际网络

了解自身的优势和特长并合理地利用，有助于实现个人价值，提升自身竞争力。

在不同的社交圈子中，个人的独特魅力就是你的优势。例如，如果你是一个"美食达人"，可以充分利用这一优势吸引一批美食爱好者，与他们建立深厚的友谊。同理，如果你很擅长摄影，那么你独特的视角和表达能力可能是你打破社交圈层，实现共赢的秘诀。

有意识地将自身优势融入交往过程，不仅能让你在社交场合更具吸引力，还能够为自己创造更多的机会。通过有效表达自己，你不仅塑造了个人品牌，还能在人际关系中占据更有利的位置。

因此，在建立和拓展人际关系的过程中，要积极挖掘并运用自身的独特优势。这不仅能够凸显个性，吸引志同道合的人，还能为人际网络的扩大提供坚实的基础。

3. 持续学习与精进

经验是眼界、见识和思维方式的积累，它构建在日常积累的基础之上。

围棋术语中的"复盘"，指在博弈结束后对棋局进行回顾，分析每一步棋的得失，并设计出更优的出棋方案。在运用"表达杠杆"这一工具的过程中，也需要不断复盘总结，深入分析人际沟通中出现的问题，并提出相应的解决方案，为将来可能出现的类似问题制定预案。

在进行表达的复盘反思中，我们可以关注以下方面。

反思效能：时刻审视自身表达的内容，抓住锻炼机会，提高表达效果。

关键决策： 反思表达目标与结果之间的关联，及时提出有效的解决策略，推动自身进步。

流程复盘： 回顾自身在不同场合的表达、评估逻辑和内容等方面是否合理，及时解决存在的问题。

"表达杠杆"的杠杆效应在于通过巧妙运用个人优势，在人际网络中获得更大的影响力。这种影响力的形成需要不断修炼、提高表达能力，并积极与有影响力的人建立联系。这样的努力将使我们的人际关系更具广度，助力我们事业和生活的腾飞。

> **作业：**
>
> 剖析你的社交技能：回顾过去的交往经历，反思你在人际交往中的表达。可以问自己以下几个问题：是否擅长与人沟通？在团队中是否能清晰表达自己的观点？有没有成功运用表达杠杆的经验？

04　善用自媒体，扩大影响力

自媒体的崛起成为时代的焦点。从博客到微博，再到如今的短视频和直播，自媒体形式的不断演变满足了人们日益多样化的需求。与此同时，自媒体的传播形式也日益丰富，从简单的文字分享到各类多媒体互动，人们可以随时随地表达自己，探索世界的无限可能，并且从中汲取知识与营养。

如果你对自媒体同样充满热情，那就不要犹豫，勇敢地迈出第一步！不论是在哪个平台，无论是短视频还是图文，只要你的内容对用户有价值，能够吸引他们的眼球，赢得他们的喜爱，你就已经迈出了成功的第一步。

有的人之所以受到很多人的喜爱，正是因为他们在其细分的领域用他们独特的方式发声，成为这个领域的代表。在移动互联网时代，人人都爱自媒体，人人都是自媒体。那如何利用自媒体的优势来放大个人影响力呢？

一、先定位，后发力

在自媒体创业的道路上，第一步要做的就是明确自身定位。缺乏清晰的定位犹如没有瞄准目标的子弹，很容易失去方向。很多自媒体从业者之所以难以取得理想的结果，是因为他们没有深思过"我是谁""我能给用户带来什么"等问题。缺乏定位导致内容方向模糊，更难以通过表达提高个人影响力。

以罗翔为例，他是一个大学教师，他的定位是知识类视频创作者。他成功的关键在于将枯燥的刑法内容转化为富有趣味性的视频。通过幽默诙谐的方式，以"罗翔说刑法"为品牌，将娱乐性与知识相结合，吸引了全网千万粉丝。

如何找准自己的定位呢？可以先问自己以下几个问题。

角色定位：我是谁？是创业者、大学生、时尚达人、健康顾问、孩子家长，还是音乐爱好者？

用户定位：明确目标人群，了解他们的需求，并为他们提供有价值的知识、理念或服务。唯有如此，才能赢得他们的信任和喜爱。

内容定位：明确自己专注的领域，是家庭教育、情感心理、职场社交，还是时尚美妆、个人理财、烹饪美食？要确保内容对他人有实际价值。

风格定位：即使是同样的内容也可以有不同的表现形式，找到自己的表达风格，无论是端庄大方、诙谐幽默，还是有趣好玩或接地气，都可以成为无可替代的存在。

明确这些问题能够帮助更好地找到个人定位，以及以何种方式给他人带来价值，是我们在自媒体创作中首要考虑的问题。将这些思考记录下来，能够更有条理地规划自己的自媒体之路。

想要在自媒体领域脱颖而出，首先要专注于某个领域，做到极致细分，争取成为该领域的代表性人物。例如在家庭教育、时尚美妆、职场社交或个人理财领域，有明确的个人定位。但要注意，成功的自媒体创作者往往在某个领域深耕细作，而不是浅尝辄止，才能立于不败之地。

二、创造优质内容

如果选择了一个领域，确保内容是有价值的、与主题相关的、易于理解的，并且与用户具有连接性。优质内容的标准在于以下几点。

有价值：提供实用、有启发性的信息，能够解决受众遇到的问题或满足他们的需求。无论是专业知识、生活小贴士或者其他，都应让受众从中受益。

主题相关：确保你的内容与自媒体的主题定位紧密相关，符合受众的兴趣和需求，避免内容偏离主题。

易于理解：使用简洁明了、通俗易懂的语言，让受众轻松理解你的内容，避免过多晦涩或繁复的词汇。

建立联系：通过内容激发受众的思考、讨论和分享，促进与受众的互动。鼓励他们留言分享个人经验，提出不解之处，形成积极的社区氛围。

自媒体创作的关键是与用户建立深厚的情感联系，一句简单而真挚的话语可能比华丽的辞藻更能打动人心。在创作时，应该多从用户的角度出发，不断思考他们关心的话题，从而系牢创作者与受众之间的纽带。

三、投其所好表达

在每一次表达之前，我们都要站在受众的立场上去思考，他们渴望了解什么，他们需要什么？**投其所好表达其实很简单，就是去用观众喜欢的方式，表达自己的观点。**

做到这一点最重要的是什么呢？就是了解观众的需求。或许有人会疑惑，如何满足每个人的需求呢？其实，这里有一个"就低策略"。类似于数学中最大公约数的概念，我们可以找到受众中的"最大公约人群"，即那些关心并熟悉共同话题的人群。语言尽量简单易懂，这样更容易吸引各类群体的注意。不强调与众不同，而是强调"我们都是一样的人"，这样更能与他人产生共鸣，也更容易让他人接受你的观点。

受众喜欢的表达方式有以下三个特点。

简洁明了：逻辑清晰、观点明确。

提供价值：无论是情感价值、资源价值还是智力价值，都可能使受众在情感、知识或其他方面得到提升。

（1）情感价值。通过直播或文章等其他形式，让他人感到充实、喜悦或满足，对自己充满信心。每个人都有自己说话的节奏和表达方式，重要的是找到适合自己的方式，真诚地影响和感染他人，而不是盲目模仿。

（2）资源价值。为他人提供新的知识和信息，让他们从中获得益处。

（3）智力价值。揭示受众之前不了解或难以理解的事物，帮他们拓展认知边界，提升思维水平。

调动情绪： 发现受众的情感需求，找到与他们的共通点，触动他们内心深处的情感。当我们用心创作出真实、生动的作品时，才能赢得更多人的喜爱。

成为成功的自媒体表达者不仅需要准确定位，创作有价值的内容，还应贴合观众的喜好。自媒体这一平台能让你打破职场的桎梏，不再受限于传统的工作模式。自媒体可能成为你放大个人势能、扩大影响力的有力工具。

因此，如果你也有这样的目标，不要犹豫，勇敢地迈向自媒体这片广阔的天地吧！让你的创造力和独特见解在这片天地熠熠生辉，让你的才华和个性在这里充分展示。自媒体将为你提供独一无二的舞台，让你在这里，发现新的机遇，实现更多可能。

小贴士：

以下几点可以帮你更好地规划和执行你的自媒体创业计划：

（1）明确个人定位；

（2）创造有价值的内容；

（3）投其所好表达；

（4）与受众建立深厚的情感联系；

（5）定期更新，在细分领域深耕；

（6）利用各种自媒体平台；

（7）持续学习，不断精进；

（8）打造个人品牌；

（9）持之以恒，坚持不懈。

05　优秀表达力，助力你开启副业之旅

有的人想把自媒体创作当作自己的副业，那么应该怎么做呢？

一、善用自媒体

每个人都有机会成为自媒体舞台的主角之一，这个时代为每一个创作者都提供了丰富的资源和无限的可能，而表达力更是成为我们在竞争中脱颖而出的关键因素。

如果你想尝试，可以建立自己的自媒体账号，分享专业知识、个人经验或有趣的话题，迈出第一步。首先要明确你擅长的领域和独特的表达风格，比如，健身减脂、美食、好物分享、知识付费等领域，都是普通人能够轻松切入的热门赛道。

在健身减脂领域，你可以分享自己的减脂经验，提供实用的健身方法，吸引想要追求形体美的群体。这个领域市场需求旺盛，是不少人持续关注的话题。

美食领域有强大的转化获利潜力。如果你擅长烹饪美食，可以巧妙地搭配一些产品，如食品、生活日用品等。只要保持内容的高质量，就能打造一个具有获利潜力的赛道。

在测评领域，制作详尽的产品评测内容至关重要。如果你对科技产品情有独钟，可以深入评测最新的智能手表、耳机等，并分享真实使用体验，比如电池续航能力、功能性、性价比等，吸引用户兴趣，打造更多商业机会。

分享知识也是一个极具潜力的方向。只要你能够清晰、有逻辑地传达自己的专业知识，让他人从中获得价值感，他们便愿意为这些知识付费。

二、自媒体转化获利的途径

自媒体转化获利的途径不少，其中三种主要途径有：

直播带货：直播平台为每一个人都提供了机会，可以利用各大直播平台展示和销售产品，通过你独特的表达方式和优质产品吸引平台用户，激发他们的购买欲望。

短视频带货：如果你擅长视频拍摄和剪辑，可以尝试通过你的个性化表达拍摄短视频。开通橱窗功能，即使没有自己的货源，也可以将商品加入橱窗，其中，好物分享或者美食测评都特别适合以短视频带货。

知识付费：如果你在某一领域积累了丰富经验和知识，可以通过在社交平台分享解决方案、回答问题等，将你的专业知识传授给他人，从而获取报酬。例如，通过直播或短视频售卖专业课程，吸引他人深入学习该领域课程。

无论选择哪种方式，表达能力都是至关重要的因素之一。它不仅是展示自我的强大工具，更是打开流量之门的钥匙。随着自媒体行业的蓬勃发展，众多自媒体人崭露头角，而那些给人深刻印象的自媒体人通常都具备生动活泼的个性和独特的表达风格。

在自媒体领域，表达的价值不仅在于传递信息，更在于塑造个人品牌形象、吸引受众、提高曝光度，最终实现转化获利。因此，深刻理解其底层逻辑至关重要。我们可以从"道"（理念）、"法"（方法）、"术"（技巧）、"器"（工具）这四个方面入手，以更好地运用表达能力打造独具特色的自媒体形象。

道：个性化定位

表达力是吸引观众的核心。在自媒体领域，雷同的内容屡见不鲜，缺乏独特性。因此，创作者应持续学习和创新，汲取新知识，并勇于尝试别具一格的表达方式。无论传递何种信息，都需要用富有感染力的语言去引发观众的共鸣。

进行个性化定位时，应避免简单地模仿他人，需要深入挖掘自己的独特之处，包括创作目标、受众群体、内容方向等。不要一味模仿，防止在模仿的过程中逐渐丧失自我。自媒体之所以成为时代的风口，是因为它贴近大众的生活，具有便捷性、娱乐性和获得感等优势。因此，我们应该思考如何利用个人优势满足用户需求，形成独特的表达方式。

可以尝试回答以下问题来引导我们思考：

目标是什么？是追求知名度、专业性还是其他？

目标受众是谁？他们的性别、年龄、兴趣爱好是什么？

内容应该如何定位，以满足目标受众的需求？

个人优势是什么，如何通过表达展现出来？

法：底层逻辑

在激烈的竞争中，持续提高曝光度，避免陷入雷同话语和场景的泥沼至关重要。因此，了解社交媒体平台的运作机制，以个性化、有针对性的方式吸引目标受众，是实现"被看见"的目标的关键。没有必要追求全部用户，而是找到属于你的用户。

术：表达技巧

表达风格是你独特的标识，是吸引粉丝的关键。在众多同质化的内容中，许多优秀的自媒体人都在通过独特的表达方式脱颖而出。了解自己的表达优势和独特风格至关重要。你是谁，决定了你能够吸引哪类观众，无论是风趣幽默、专业严谨还是温暖贴心，都应该保持一贯性，不要轻易改变。

初入行者可找到与自己风格相似的账号，仔细分析至少十个对标账号，留意观察他们的状态、话语、肢体动作、语音语调以及互动方式，从模仿开始再逐步超越。在此过程中需保持"空杯心态"，不断努力练习，在模仿的基础上寻找创新点，形成自己独特的表达风格。

器：工具运用

了解自媒体平台的特性，了解它们的用户群体、流量规律、推荐算法等。根据不同平台的特点，调整内容和表达方式，以更好地吸引目标受众。

以提供有价值的内容为出发点，让你的表达具备独特性。深度思考这四个层面的内容，更好地通过优秀的表达能力，塑造独具特色的自媒体形象。不仅使商业转化更成功，更能为自己争取更多的机会，为个人进步奠定坚实基础。

三、自媒体商业转化关键法则

在追求自媒体商业转化的过程中，我们还需谨记"三步走"法则：明确目的、利他为本、紧跟趋势。这是成功路上不可或缺的导航，是照亮你自媒体商业转化之路的明灯。

第一步：明确目标，实现知行合一

在追求自媒体商业转化的过程中，明确目标至关重要。只有明确而具体地设定目标，才能更有针对性地采取行动。知行合一，即付诸行动，不仅要有愿望，更要坚持和实践。有的人失去机会的原因是说得多、做得少。切勿沉溺于拖延和消极情绪，积极采取行动，将目标变为现实。

第二步：利他为本，奉行商业法则

成功的自媒体商业转化往往遵循商业法则，以"利他为本"为核心理念。在表达的过程中，不仅要展现自我，更要关注受众的需求与期望。切勿盲目跟风，而是要深入挖掘自身优势，明确你可以为他人提供的价值。在此基础上，打造个人品牌，构建与受众之间的信任关系。商业的成功往往源于为他人创造价值，而自媒体正是展示自身价值的理想平台。

第三步：紧跟趋势，洞察市场风云

对市场的敏锐洞察、对行业风口和资讯的关注至关重要。一旦明确了自我价值和利他原则，就需要时刻关注所在行业的发展趋势。切勿被短期利益冲昏头脑，而应该站在更宏观和长远的角度思考，抓住机遇，准确定位，实现自身商业目标。

遵循这三步，你可以构建一个稳健而有力的自媒体商业蓝图，不仅明确了盈利目标，也将商业法则和行业趋势有机结合，为自己在擅长领域的成功创造更多可能。无论身份如何，只要你敢于表达，掌握流量密码，你也有机会通过自身的表达优势成功获利。

自媒体商业转化，不仅是追求经济收入，更是对个人认知和个人品牌建设的深化。在这个数字化时代，站在信息传播的前沿，你有机会成为能够影响、启发甚至改变他人的创作者。因此，表达力为你开启的不仅是成功之门，更是一段充满激情和成就感的自我探索之旅。

　　前路漫漫，每一步都充满无限可能。期待你的每一次表达都能为你成功奏响新的乐章。在这个舞台上，你是自己故事的书写者，而表达力，正是你书写成功乐章的锐利武器。

> **思考：**
>
> 你擅长什么？
>
> 你能给别人带来什么价值？
>
> 你愿意为此付出努力和坚持到底吗？
>
> 如果你已经想清楚，那就马上行动吧！